黄泽治 黄南津 主编

开辟千年今再现
广西永福福寿节回望

KAIPI QIANNIAN JIN ZAIXIAN
GUANGXI YONGFU
FUSHOUJIE HUIWANG

沈阳出版发行集团
沈阳出版社

图书在版编目（CIP）数据

开辟千年今再现：广西永福福寿节回望 / 黄泽治，黄南津主编 . -- 沈阳：沈阳出版社，2024.3

ISBN 978-7-5716-3849-8

Ⅰ．①开… Ⅱ．①黄… ②黄… Ⅲ．①长寿 - 文化 - 永福县 Ⅳ．① K892.21

中国国家版本馆 CIP 数据核字 (2024) 第 054560 号

出版发行：	沈阳出版发行集团 ｜ 沈阳出版社
	（地址：沈阳市沈河区南翰林路 10 号　邮编：110011）
网　　址：	http://www.sycbs.com
印　　刷：	河北万卷印刷有限公司
幅面尺寸：	185mm×260mm
印　　张：	13
字　　数：	240 千字
出版时间：	2024 年 3 月第 1 版
印刷时间：	2024 年 3 月第 1 次印刷
责任编辑：	郭亚利
封面设计：	优盛文化
版式设计：	优盛文化
责任校对：	赵秀霞
责任监印：	杨　旭
书　　号：	ISBN 978-7-5716-3849-8
定　　价：	89.00 元

联系电话：024-24112447
E - mail：sy24112447@163.com

本书若有印装质量问题，影响阅读，请与出版社联系调换。

《永福福寿文化丛书》编委会

主　任：唐芳顺
副主任：罗代璋　秦际广　秦传志　王春霞
　　　　王庆文　黄泽治

《开辟千年今再现》编委会

主　编：黄泽治　黄南津
副主编：龚然辉
编　委：刘家毅　张荣翔　张日斌　苏　娟
　　　　唐丽娟　秦庆田　韦志芬　黄泽浩　刘　芳
　　　　姚石华　韦　新　吴　江　秦雅婕

前　言

2006年10月至2020年10月，我们以"绿色 养生 旅游 福寿"为主题，精心策划、认真实施，十五年间举办了十二届福寿节。福寿节已成为属于福寿之乡各族人民自己的节日，也成为桂林市乃至广西各地众多节庆中文化底蕴最深的特色节庆。

为充分展示永福福寿节办节以来的全貌，彰显永福福寿节的影响力，进一步弘扬福寿文化，拓展"内聚人心、外树形象、文化搭台、经济唱戏"办节初衷，凝聚全县人民力量，加快建设"新型工业重镇、现代农业强县、福寿养生家园"。对十二届福寿节和十五年走过的历程进行全面回顾和总结，是极有意义的。

我们以对福寿文化的认知总结与升华为主题，集体撰写了一部综合性作品作为这十二届福寿节的总结。这是把回顾和思考汇集而成的著作，也是一部既具有现实指导意义，又具备丰厚理论价值和史料价值，图文并茂的作品。

首先，对福寿文化的认知总结与升华是此书主题，所收集的照片和章节安排具有历史视野。

其次，对福寿节进行适度的理论提炼和阐释，图文并茂予以展现是本书的主要任务。同时也是对十五年来历届县委、县政府的关怀与推动，对各级机关领导与工作人员付出的努力，对全县人民的投入与支持，对永福十五年来的经济与文化发展的肯定和弘扬。

通过这部作品的撰写，力求福寿之乡个性得以张扬，把永福县这一标志性文化品牌推向更广阔的时空。传承历史与弘扬美德、展示福寿之乡的神奇魅力、提升永福的知名度和影响力，不管是组织者，还是参与者，无论是永福人，还是来自海内外的宾客，十年来的激情一直涌动于美好的记忆里。记忆总是美好的，让我们把十二届福寿节的精彩浓缩于眼前，慢慢品味福寿节给我们带来的吉祥与欢乐，慢慢咀嚼福寿之乡历史文化的厚重与绵长。

永福县福寿办供稿

目 录

第一章　永福福寿文化与福寿节　　1
　　一、从历史的自然演变过程看：天道天成　　1
　　二、从文化融合的内在成因看：道法自然　　3
　　三、永福福寿文化概念的提出和形成　　5
　　四、福寿节的主要成果和价值　　6

第二章　群策群力　探索开掘　　12
　　一、群贤荟萃，深入开展福寿文化研讨　　12
　　二、科考出成果，持续开展永福县长寿人文资源调查研究　　16
　　三、集思广益，不断挖掘探索出版福寿文化系列丛书　　18
　　四、实至名归，永福荣获首批中国长寿之乡殊荣　　24

第三章　深入群众　枝繁叶茂　　34
　　一、非遗花开——永福县非物质文化遗产　　34
　　二、彩调连台　　50
　　三、爱心无限　　54

第四章　持续发展　打造品牌　　60
　　一、深入拓展　　60
　　二、亮点纷呈　　67
　　三、花团锦簇　　73

第五章　制度建设与文化自信　　78
　　一、民俗传承与创新　　78
　　二、非物质文化遗产延续与发展　　86
　　三、文化自信与经济发展　　94

第六章　福寿永继　风光无限　　　　　　　　　　　　　101
　　一、盛况空前　　　　　　　　　　　　　　　　　　101
　　二、特色活动　　　　　　　　　　　　　　　　　　106
　　三、福寿胜景　　　　　　　　　　　　　　　　　　142

附录　　　　　　　　　　　　　　　　　　　　　　　146
　　附录一　　　　　　　　　　　　　　　　　　　　　146
　　附录二　　　　　　　　　　　　　　　　　　　　　149
　　附录三　　　　　　　　　　　　　　　　　　　　　156
　　附录四　　　　　　　　　　　　　　　　　　　　　162
　　附录五　　　　　　　　　　　　　　　　　　　　　170
　　附录六　　　　　　　　　　　　　　　　　　　　　179
　　附录七　　　　　　　　　　　　　　　　　　　　　183
　　附录八　　　　　　　　　　　　　　　　　　　　　184

后　记　　　　　　　　　　　　　　　　　　　　　　196

第一章　永福福寿文化与福寿节

千叟宴全景图（唐庆甫　摄）

福寿文化是中国民俗文化的重要组成部分，它的核心价值观是和谐和吉祥。

永福福寿文化是中国福寿文化的杰出代表。永福是一块神奇的土地，是福寿文化的故里，福寿文化在这里得到了完美的展现。那么，福寿文化在永福是怎么形成的呢？

一、从历史的自然演变过程看：天道天成

永福福寿文化要从两个县说起。现在的永福县是由历史上的"永福县"和"百

寿县"于1952年合并而成。简而言之，一个是福县，突出的是福文化；一个是寿县，彰显的是寿文化。合二为一，福中有寿，寿中有福，这就是永福福寿文化最原始的天然雏形。

"福县"有福："永福"这个吉祥地名源于道教，本意是"长流水边的优良居所"。在道教里，储存水和粮食等生存之物的地方被称为"永福宫"。在古代，拥有水和食物之地必然是一块最理想的生存福地。公元621年，永福县取县名为"永福"，寄托着先辈们对幸福美好生活的无限向往。永福县城的中心雄峙着一座青翠茂密的山峦——凤巢山，在这里历史上孕育了一文一武两个状元。宋太平兴国八年（983年）凤巢山下青年才子王世则22岁高中文科状元，官封翰林学士，成为这块南国神奇土地上飞出来的"凤凰"。时年，宋太宗特地为王世则举行"琼林宴"庆贺，开创了古代帝王为新科状元设宴庆贺的先例。宋大观元年（公元1107年）永福人李珙高中武状元，衣锦荣归之时，到凤巢山脚下的书馆拜谢恩师。他认为是这一方福山福水给了他福运，一举名标天下，所以他书写了一个大大的"福"字。后人将这"福"字镌刻于凤巢山之巅，年深月久，到凤巢山"福"字前"临福""拜福""摸福""祈福"，沾沾福气，把福气带回家，已成为永福的一大民俗打卡胜地。福县城郭之地，三江碧水交汇，六岸沿途树林郁郁葱葱，良田万顷稻花飘香，河水清澈碧波荡漾，自古以来这里就是最优良的生存佳境，是人们无比向往的一块福地！

"寿县"久寿：百寿县的长寿历史，就可以追溯到西汉初年。古时夫子岩前有一口丹砂井，井水甘甜，长年不息。井旁的廖扶及其族人常饮此井水而长寿，廖扶更是以活到158岁的生命神话载入史册。"水旱无忧三千垌，十里常逢百岁人"，是当时最准确、最生动的写照。晋代道教大师葛洪云游到永福百寿的夫子岩，被这里的廖扶和族人的长寿奇迹以及丹砂井的奥秘所深深吸引，历时三年在这里静心炼丹著书，著有《抱朴子》等，传颂着这一方水土和长寿人的神奇。南宋时，百寿县（当时叫古县）的长寿事象已达鼎盛。当时知县史渭在宋绍定己丑年（公元1229年），召集桂林当时最有名的石匠王宠，创造出了举世无双的千古奇文"百寿图"，镌刻在夫子岩中，使其成了中华民族文化的一件瑰宝。穿越千年时空，2007年10月，因永福县有百岁老人多达32位，为每10万人中有11.8个百岁老人，大大超过每10万人中有7个百岁老人的世界长寿之乡标准，被中国老年学学会授予（首批）"中国长寿之乡"称号，再次把永福长寿的传奇书写。

"百寿图"石刻（张桂发 摄）

二、从文化融合的内在成因看：道法自然

文化，只有经历漫长的历史融合，才拥有厚重的积淀和活力，展现出丰富的思想性和生命力。福文化最基本的思想内涵是"阴阳合一"，寿文化最基本的思想内涵是"天人合一"。永福福寿文化的内在成因，正是体现出了"阴阳合一""天人合一"这一精妙的思想内涵。永福的山水之间、文化之间、标志性的事和物之间，无不饱含着中国福寿文化的天然成分，蕴藏着某种神秘与玄机，有着一种超乎寻常的天然融合。

福寿归一：福，讲的是一种感觉和体验，侧重于精神方面；寿，是岁月的积累，讲求的是物质存在的过程。1952年行政区域上的合并，客观上促成了福和寿完美结合，珠联璧合。

龙凤呈祥：永福人的生命之河——龙江，源于莽莽青山广佛顶，宛如一条白色的玉带，款款地流来，在县城与永福人的圣山——凤巢山交融相拥，相映生辉，生生不息。

文武双全：福寿之地当然风水甚佳、人杰地灵，多出才子佳人。从隋朝开设科举应试起，中国的2000多个州县中，唯独永福县有文状元王世则、武状元李珙，是历史把"文武双全"的状元传奇给了永福。

永福县文、武状元（黄泽治　摄）

百寿图：闻名遐迩的百寿图体现了一种高度的和谐性。它是由一个阳刻的大"寿"字和100个阴刻的小"寿"字组成。百寿图还把佛教文化、道教文化、少数民族文化和中外文化完整地融聚于一体。形成一种博大的和谐文化，揭示了博采、兼容、全备的人生哲理。

重阳树：历经八百年风雨的重阳树，寄生着一株上百年、直径近1米的榕树。两树阴阳合抱，刚柔相济，相融共生。天地宇宙间的和美在这棵树身上生动而完美地表现出来。

重阳树（黄泽治　摄）

阴山、阳山：永福是三面环山的两个小盆地。永福的山主要由土山和石山交织而成。石山为阳，土山为阴。这种大自然的阴阳山体就像一个天然的太极之图。对人而言，在这种环境中，午夜获得良好的睡眠，次日精神饱满，身体保持平衡。对植物而言，这里是一个天然的小气候王国：这里是降雪的分水岭，是杨树、桉树和甘蔗等多种植物种植的分水岭，如杨树在这里能茁壮成长，再往南就很难种植，榕树、甘蔗在这里可大面积种植，再往北也难以种植。

如此种种，不胜枚举。这种主动和被动的天然组合，将天地人三者合一，正所谓道法自然，形成了一个博大的"道"的磁场——"福寿道场"。按此推论，永福有"道"：首生"永福"；永福生"福寿"二县，生"文武"状元；永福县城有三江汇流，三生万物。在永福的万物中，个性张扬、闪耀夺目、具有唯一性的有：文武状元，在中国的科举史上，一个县同一朝代出现文武状元的，据考证没有发现有第二个县；首批中国长寿之乡；罗汉果种植和产量全国第一县；砂糖橘种植面积全国第一县；永福是彩调的发祥地，常年活跃在基层的彩调队伍70多支，广西第一；永福县有国家美协会员29人，人数广西第一。

三、永福福寿文化概念的提出和形成

20世纪90年代初，改革开放的春风给予了永福人民深深的启迪和思考，以永福籍著名作家黄继树为代表的一群文人墨客，怀着对家乡的眷爱之情，以优美的散文笔调，描绘了永福悠久的历史沿革、奇妙的山川名胜、驰名中外的名优特产、历代风云人物等，1993年12月成书名为《福寿之乡》。至此，永福——"福寿之乡"这个名字正式向世人提出。

2006年，永福县委、县政府主要领导提出，要挖掘、弘扬、打造独具特色的永福文化——"福寿文化"。以举办永福县养生旅游福寿节为载体，以"绿色 养生 旅游 福寿"为节庆主题，以弘扬敬老尊老传统美德、探索挖掘福寿文化、打造长寿养生品牌、助推经济发展等为主要活动内容，每年认真举办一届福寿节。从2006年10月到2020年10月，已连续举办了十二届永福养生旅游福寿节。十多年来，县四家班子高度重视、统筹协调、身体力行；县内各部门、单位、团体服从安排、甘于奉献、团结协作；全县各界人士和广大人民群众积极配合、广泛参与、勇于挑战、拼搏进取，福寿节形式丰富多彩，内容突出特点，展现了福寿节长久强大的生命力。

节庆活动的开展及文化的创新、发展，总是在交融中同步推进的。十二届春华秋实，永福福寿文化的定义也逐渐得到了提炼和稳固："永福福寿文化"——是永福历史上各种思想文化、观念形态的总体表征，是永福人民长期以来追求健康长寿、幸福安宁的思维和实践的结晶。其外在表现形式为：

1. 以"福""寿"石刻、永宁州古城为代表的历史文化；
2. 以文、武状元为亮点的人文（状元）文化；
3. 以百寿图和众多长寿老人为标杆的长寿健康文化；
4. 以罗汉果、富硒米为代表的饮食养生文化；
5. 以百里西江、金钟山为代表的山水文化；
6. 以彩调、古民居为特点的民俗文化；
7. 以百寿古镇、西河流域为核心的影视文化；
8. 以福寿节为载体不断发展起来的节庆文化。

志存高远，永福人民有一个目标：要把福寿文化作为建设"福寿养生家园"的灵魂，要把生态环境作为基础，要把养生产业作为龙头，要把康养旅游作为助推器，要把"核心区域"作为一张亮丽名片，建成"福寿养生家园"。其基本标准是：福寿文化氛围浓厚、生态环境优美宜人、养生产业品牌突出、康养旅游特色鲜明、核心区域内容丰富、人民生活富裕安康。

四、福寿节的主要成果和价值

福寿节，一个在中国少有提起的节庆文化符号。放眼全国，以"福寿"为主题举办节庆活动的有三个地方：山东莒县的浮来山景区、湖南麻阳苗族自治县和广西永福县。麻阳苗族自治县在2007年举办了一届福寿节后就因故停办了。浮来山景区办节为何冠以"福寿"二字，一是浮来山的"浮"与"福"同音，二是浮来山景区内生长着一棵3000多年的银杏树，枝繁叶茂、遮天蔽日，是"寿"的象征。浮来山景区把"福寿节"办得风生水起、有声有色，无不体现他们对传统文化的尊崇。

据相关资料表明，目前我国各地区、各民族、各种类型的节庆活动约有5000多个。如何在众多的节庆中赢得一席之地，避免与其他节庆活动同质化，保持永福福寿节的独到特色和长久生命力，是我们深入思考的大课题。十五载春秋，十二届节庆盛事，如何把永福县标志性的文化品牌推向世人，如何传承历史与弘扬美德、展示福寿之乡的神奇魅力、提升永福的知名度和影响力，如何让福寿文化的个性得以张扬？我们坚持不懈，孜孜不倦地在探寻着每一种本真的民俗文化符号，咀嚼着福寿大地上历史的厚重与绵长。我们采用多种形式和载体，让节庆的灵魂、宗旨、主题展现在绚丽的文艺舞台上，融汇在多种研讨会和论坛上，体现在各种大赛中，蕴藏于看望关心寿星、孝星及和谐家庭评选里，凸显出主题鲜明、规模大、规格高、国际性、招商引资效果明显等与众不同的鲜明特色。

把弘扬敬老爱老美德放在首位

福寿文化敬为先。2006年10月，举办了首届"福寿节"，隆重恭请1199名70岁以上的长寿老人围坐在200张八仙桌旁，组成了一个长68米、宽37米蔚为壮观的大"寿"字，共品"千叟宴"，体现出太平盛世普天同庆的和谐与幸福，承载着中华民族敬老尊老的传统。

每届福寿节，评选出"十大寿星""十大孝星""十大和谐家庭"模范，对他们的事迹进行展示，邀请他们参加福寿节系列活动，并给予表彰，树立典型、激励后人。积极筹集资金，专门建立了老年书画研究会、老年大学、活动中心等。百岁老人每月可享受120元、95至99岁老人每月享受60元的政府补贴；70岁以上老人乘县内公共汽车，去博物馆参观，到公园、景点游玩等全部免票；医院每年为90岁以上的老人免费做一次体检，并享受政府买单的住房保险等。永福的老人生活稳定、病有所医、老有所养，爱老敬老的善行蔚然成风。

福寿文化理论研究成果斐然

我们与广西最高学府深度合作，2007年"广西大学文化与传播学院福寿文化永福研究基地"正式挂牌运行。

出版福寿文化系列丛书：《永福福寿文化志》《百寿图考释》《36位百岁老人生活实录》《福寿之乡》《永福石刻》《永福前贤诗词集》《百岁秘诀》《永福福寿饮食文化研究》《走进寿乡——永福》《彩调史稿》《广西长寿文化集萃——永福篇》《走进永福——国画手绘旅游地图》《永福之歌》MTV近三十部福寿文化书籍和影像资料。其中《永福福寿文化志》是国内首创的福寿文化志书。

开展形式多样的各种讨论、研讨会：永福福寿文化论坛，创造艺术治疗国际研讨，罗汉果、彩调与长寿专题研讨会，长寿之乡探秘研究会（葛洪与百寿、慧能与永安），永福长寿养生论坛，"休闲旅游、科学养生、福寿文化"理论研讨会，"宜居福地、养生永福"论坛，罗汉果产业发展高峰论坛，福寿文化大讲坛等。

立足高站位和高规格，节庆活动的开放性和国际性

第二届福寿节与世界养生大会组委会合办，在北京人民大会堂隆重举行新闻发布会。节庆得到世界卫生组织（WHO）、国家卫生部（2018年组建国家卫生健康委员会）、国家食品药品监督管理局（2018年组建国家市场监督管理总局）、中央保健局等世界组织和国家相关部门以及桂林市人民政府的支持，节庆规格层次高，来宾多。据统计，受邀参加活动的宾客560多人，有国外专家、友人和国内一些高层领导人、知名人士。

福寿节活动得到自治区旅游局、自治区民政厅、自治区文化和旅游厅及桂林市人民政府等上级部门的指导、支持和帮助。多届福寿节期间有来自美国、英国、加拿大、日本、澳大利亚、芬兰、南非、以色列等8个国家的创造艺术治疗专家和10多位来自日本的国际友人，共同探讨提升人生内在质量的艺术与自然健康手段，探索运用艺术如何构筑和谐健康长寿人生的途径。我们不断加强与外界广泛的交流与合作，先后与中国老年学学会、国家体育总局、CVA（国际市民体育联盟中国总部）、中国登山协会、中国自行车协会等多个部门展开合作，从不同的角度和层面来谋划、运作相应的活动内容，大大增添了福寿节的灵动和魅力。

善于创造"中国之最"。第一届福寿节盛世金秋千叟宴荣获上海大世界基尼斯纪录。第三届福寿节，又创造了两项"中国之最"：福寿节上为永福县颁发了"含同字异体最多的古代摩崖石刻百寿图"和"规模最大的千人变脸活动"两项大世界基尼斯纪录证书。2007年，获得首批"中国长寿之乡"称号，同时被世界养生大会授予"养生产业示范基地"称号。2016年的第十届福寿节获得中国民族节庆专业委员会颁发的中国十大"最具创新价值节庆奖"称号。

永福被授予"养生产业示范基地"称号（黄泽治 摄）

演绎草根，特色浓郁，活动多彩纷呈

不断创新福寿节形式和内容，突出特点，展现个性，是福寿节的魅力所在。为充分展示人文永福、生态永福、和谐永福，几届福寿节我们围绕主题，大胆创新，精心设计，注重节目的原创性，力求使节庆活动内容丰富、亮点突出。

盛世金秋千叟宴；中华绝活——"千人变脸"表演，千人拔河比赛，千人旗袍秀展示；风情永福——妆艺万人狂欢大巡游，万人福寿操演绎，全国性山地自行车公路赛，中国民间民俗奇异技能表演；走向金婚话幸福——66对（国际）集体婚庆典礼；大型传统民俗文化演绎——"李王巡游"，瑶族大型婚庆礼仪展演，乡村车模走秀逛新村等等，都是福寿节上的拿手节目。

每届福寿节都有彩调会演。群众对彩调热情空前高涨，彩调之乡的彩调迷过足了彩调瘾，也使得具有个性特征的永福彩调在福寿节期间得到了充分的展示，起到了良好的宣传效果。此外，还有养生美食大赛、厨霸大赛、农民才艺大赛、"广西山歌王"选拔赛、电视台综艺节目《夺宝奇兵》、长寿养生品展示交易洽谈会、旅游美食特产展销、书画摄影展、大型焰火晚会、凤山百寿岩祈福祝寿仪式、洛清江鱼类人工放流活动等等。福寿节已经成为永福县老百姓一个重要的节庆活动，广大干部群众都融入活动之中，感受节日的喜庆，体验"我参与、我运动、我健康、我快乐"的理念。很多在外地工作的工薪族和在外地务工的农民工在节日期间都想方设法回到永福，参与福寿节、感受福寿节。

打造长寿养生品牌，助推县域经济发展

打造特色生态旅游。以金钟山旅游景区为龙头，借福寿之乡品牌，规划人文生态旅游。以崇山古民居、香巴拉湖畔农庄、瀑景山庄为代表，探索生态休闲旅游模式。开发绿色养生产品。全县目前建立了罗汉果、优质米、西红柿、柑橘等多个无公害生产基地，永福的"永福香牌""绿禾牌""思苗牌"等优质香米年产超过一万吨，产品畅销珠三角和华东地区。推出系列养生食品：永福葡萄酒、堡里野生甜茶、香盈八方腊味、永安黄竹笋、三皇有机蔬菜、三皇芋苗干、富硒灵芝、三皇紫花红薯等。营造养生休闲住宅。经过几年对县城进行整体改造、绿化、美化，营造了湖光水色叠翠映绮的美景。住宅小区靠山而建，依山傍水，与福寿山水的自然风光相映成趣，相得益彰。永福良好的居住环境，得天独厚的自然资源，相对低廉的住房价格，吸引了广西柳州、黑龙江、陕西等地的旅居者在永福购房定居。他们每天与当地老年人打打太极拳、练练福寿操，吃永福菜、饮永福

水，寄情于福寿乡的青山绿水间，不亦乐乎。开展养生休闲运动。永福彩调以其短小精悍、通俗易懂的顽强生命力，大展其"快乐"的草根艺术独特的魅力，是永福民众一大精神支柱。每届福寿节彩调大赛都是重头戏，它诙谐幽默的唱词，生动活泼的剧情让广大群众在捧腹大笑中快乐而长寿，彩调迷过足了彩调瘾。在漫长的岁月里，永福人摸索总结了一套福寿操，2007年养生福寿节期间，15000人在天凤广场及周边道路举行"与奥运同行——万人同做福寿操"大型活动。养生歌王——孔太在养生福寿节举办专场养生音乐晚会，将养生活动推向一个新高潮。

加大宣传力度，提高了永福知名度

2007年6月，在北京人民大会堂隆重举办第二届福寿节新闻发布会。

与央视CCTV-7《乡约》栏目组二度合作，举办福寿节开幕式"我们的田野——走进长寿之乡永福"和"我要上央视"相亲节目。与央视CCTV-1、CCTV-4、CCTV-5、CCTV-10、《中国老年报》等京城媒体有着密切的合作，以加强对永福的福寿文化和节庆活动广泛的宣传报道。《人民日报》《中国日报》《经济日报》《新民晚报》《北京晚报》《重庆晚报》和广西电视台、桂林电视台、南宁电视台、香港凤凰卫视等国内100多家媒体，美国《世界日报》、英国路透社等30多家境外媒体，新华网、人民网、中新网、新浪、搜狐、网易等上百家网络媒体也对福寿节的盛况进行了宣传报道。

文化搭台，经济唱戏

为繁荣文化、发展经济，几届福寿节我们都分别举办养生产品和农产品展销交易会、美食特产展销会、长寿养生美食大赛作品展等大型经贸活动。通过宣传推广，永福丰富多彩的农产品、工业品、特产、美食得到宣传、交流和提升，其中大宗农产品罗汉果、永福香米、三皇西红柿、堡里福寿养生茶、三皇紫花红薯、永安红皮花生等的销量和价格大幅上升，"永福香牌"优质大米获得省级著名商标，打出了福寿之乡特色品牌，促进了文化与经济的交融。

为加大对外招商引资力度，福寿节期间组织举办招商引资项目推介会暨项目签约仪式，招商引资成效显著。每一届福寿节都是客商云集，基本上都有项目签约，十二届福寿节共签约项目计划投资额150多亿元。

节庆活动是一个载体，举办福寿节既是对福寿文化的继承与发扬，又是促进经济发展的有力手段。连续十二届的福寿节，永福县获得了三个"上海大世界基尼斯之最",吸引了众多中央和地方媒体的眼球,达到宣传永福、传播永福福寿文化的效果:永福的知名度空前提高;永福经济得到快速发展;永福的福寿文化和区域长寿现象得到进一步挖掘和展示;永福人乐观健康的生活理念得到充实和提升;康养和谐的新兴事项不断涌现,极大地助推了永福县养生养老健康产业和经济社会的发展。

是上苍把福寿文化恩赐了永福人民,又是时代的春风唤起我们对福寿文化的推崇、创新和发展。福寿节已是福寿文化形成的重要载体和传播的主要渠道,福寿文化已成为永福人民最宝贵的财富,"福寿之乡"是我们最值得守望的精神家园!

梦幻永福水乡(莫文军 摄)

第二章 群策群力 探索开掘

第二届福寿节万人福寿操（唐庆甫 摄）

一、群贤荟萃，深入开展福寿文化研讨

永福的十二届福寿节中，有九届福寿节共举办了12场各种类型的文化研讨会、论坛、笔会等活动，从长寿、文化、养生、旅游、产业等方面不断探索和挖掘永福福寿文化，在深度和广度上下功夫，提高了对永福福寿文化的总结、研究水平。

第二届福寿节举办"创造艺术治疗国际研讨会"，吸引了美、英、加拿大、日本、澳大利亚、芬兰、南非、以色列等8个国家以及我国50多位专家到场，着重探讨提升人生内在质量的艺术与自然健康手段，包括绘画、音乐、舞蹈、雕塑、书法、武功、诗歌、戏剧等类别的治疗方法和融合艺术创造的方法，探索运用艺术解决人类意识、行为等问题和如何构筑和谐健康长寿人生的途径。研讨会后将会刊与论文集编辑成册。

开展中俄长寿养生旅游合作研讨会。俄罗斯联邦社会医学发展署传统医学保健部、RCA亚欧养生旅游商务联盟以及加拿大、英国、美国、澳大利亚的国际友谊俱乐部考察团50多位养生专家、学者与客商参加。中、俄、欧、美多国专家就长寿与生态环境、长寿与良好的心态和生活习惯、长寿与长寿食品、长寿之乡与长寿产业的发展、长寿养生保健技术、长寿生态休闲养生旅游开发投资与合作等进行交流探讨。为国外专家客商游客进一步了解永福，到永福进行长寿产业商务投资和养生旅游提供更多的选择空间。

长寿养生论坛。与中国老年学学会联合举办全国长寿与发展高峰论坛，来自全国各地的300多名专家、学者，围绕"长寿与发展""长寿与生活方式""长寿与文化"等主题开坛论道。大会还编辑出版了《长寿理论与实践》论文选集。

中国著名的经络专家蔡洪光教授多次来到永福，走访了当时永福县所有的百岁老人，从中医角度对百岁老人身体进行较全面的检测和分析，总结出永福百岁老人生活习惯的一般性规律，写成并出版了《百岁秘诀》一书。同时蔡洪光教授在永福举办长寿探秘高峰论坛，并作题为《百岁印象——中国第一长寿之乡永福探秘》的专题演讲。

永福彩调文化论坛。论坛由永福县和广西文化厅联合举办，数十名区内外的彩调专家前来参加，永福县专业、业余彩调工作者数十人也参加了这一彩调理论研讨盛会。参会者共同深入研讨了广西彩调的现状及发展方向，同时还为永福彩调的进一步发展繁荣提出了许多可供借鉴的建议。

2008年和2009年连续两年举办"永福福寿文化作家笔会"，吴泰昌、周明、石英、石一宁、冯秋子，彭匈、黄继树、陈肖人等30多位全国知名作家参加，他们深入福寿大地的山水村庄，感受永福多彩风情，在全国各地发表关于永福的文学作品近百篇，既是福寿文化的挖掘者，更是福寿文化的推介者，既丰富了福寿文化的内容，也为永福福寿文化插上了一双飞翔的翅膀。

2010年第五届福寿节期间，永福县和桂林市委党校共同举办"休闲旅游、科学养生、福寿文化"理论研讨会，会后出版《福寿文化与经济社会发展》一书。

开辟千年今再现：广西永福福寿节回望

论坛代表与永福县四家班子的领导合影（永福县福寿办供稿）

2013年第八届福寿节期间，广西保健养生学会和桂林市永福县等几家单位联合举办首届广西保健养生论坛，这是一次广西壮族自治区内高规格的论坛，广西壮族自治区和桂林市人民政府相关领导以及养生保健领域的十多位著名专家、教授参加。这是广西保健养生事业发展史上首个高规格会议，可以说阵容强、人数多、层次高、课题新，特别是北京的专家学者，远道而来，为这次论坛增光添彩。

历届福寿节各类研讨会、论坛一览表

序号	时间	活动内容	参加人数	主办单位	主旨演讲人	主旨演讲人身份	主讲题目	主要成果
1	第一届（2006）	永福福寿文化论坛	126	永福县政府	黄继树	著名作家	福禄寿文化与永福文化	编制论文集
					喻庆云	武汉军区总医院军级教授	健康与长寿	
2	第二届（2007）	创造艺术治疗国际研讨会	600	北京多维乐舞文化艺术交流中心、创造艺术治疗学会、永福县政府	伏羲玉兰	世界全息健康协会会长	福寿老人与全息健康	编制会刊与论文集
					傅景华	香港人类自然健康工程研究院院长	创造艺术保存儿童天赋	
					王春红	香港人类自然健康工程研究院副院长	创造艺术专业与社会服务	
					赵宝祥	汉字全息专家、易经易术专家	汉字全息创造人生质量	
3	第二届（2007）	"罗汉果、彩调与长寿"专题研讨会	320					编制论文集
4		长寿之乡探秘研究会（葛洪与百寿、慧能与永安）	180					编制论文集

14

（续　表）

序号	时间	活动内容	参加人数	主办单位	主旨演讲人	主旨演讲人身份	主讲题目	主要成果
5	第三届（2008）	《长寿·发展论》	230	中国老年学学会				《长寿理论与实践》论文选集
6	第四届（2009）	永福长寿养生论坛	210	广州洪光经络公司	蔡洪光			
7	第五届（2010）	"休闲旅游、科学养生、福寿文化"理论研讨会	220	桂林市委党校				出版《福寿文化与经济社会发展》书籍
8	第七届（2012）	"宜居福地、养生永福"论坛	185					编制论文集
9	第八届（2013）	首届广西保健论坛	250	广西保健养生学会 永福县人民政府	向月应	解放军第181医院院长、主任医师 少将	广西健康旅游发展分析	编制《广西首届保健论坛论文集》
					乔然	国际旅游专家、世界博览会组委国际合作教授	休闲旅游度假与保健养生产业发展	
					候永志	国务院发展研究中心发展战略和区域经济研究部部长	养生与区域经济科学发展	
					郑志坚	中国医师协会、养生专业委员会常务副会长兼总干事、教授	中国式养生现状与思考	
					吴忠军	广西工学院的旅游学院副院长、教授	健康旅游的现状与展望	
					庞军	广西中医药管理局常务副局长 广西保健养生学会执行会长	广西养生长寿健康产业发展的思考	

（续　表）

序号	时间	活动内容	参加人数	主办单位	主旨演讲人	主旨演讲人身份	主讲题目	主要成果
10	第八届（2013）	罗汉果产业发展高峰论坛	200	桂林市科技局 广西罗汉果产业化工程院	李伯林	广西师范大学生命科学学院博士	罗汉果育种与种植	编制《罗汉果产业发展高峰论坛论文集》
					王勤	广西中医药大学教授	罗汉果药理研究进展	
					何开家	广西中医药研究院研究员	罗汉果功效利用	
					兰福生	吉福思农业科技公司研究员	甜甙国际市场与罗汉果产业	
11	第十一届（2018）	福寿文化大讲坛	260	县委宣传部				编制论文集
12	第十二届（2020）	罗汉果产业发展论坛	250	桂林经开区				编制论文集

二、科考出成果，持续开展永福县长寿人文资源调查研究

永福底蕴深厚的福寿文化、悠久的人文历史以及独特的长寿现象，一直为国内外众多团体、媒体所关注。2008年7月、2010年7月、2016年7月，由卫生部（现为卫生健康委员会）北京老年医学研究所牵头，北京市青少年科技俱乐部活动委员会、广西科技厅山区开发中心、广西江滨医院、广西壮族自治区妇幼保健院以及永福县相关部门共同参与，在永福县分别进行了三次关于"永福长寿的遗传与环境因素"的综合性、"能量平衡、心理行为与健康长寿"和"长寿微生态平衡"等内容的长寿科学考察。这是中华人民共和国成立以来在永福境内规模最大、跨时间最长的人文资源考察活动，从长寿老人生活的生态环境、人文历史及社会等诸多因素展开科学考察分析。

科考团队相关人员在永福（前排左二为杨泽）

长寿科学考察主要是对永福9个乡镇的1000多名85岁以上长寿老人及30岁至60岁具有代表性的人群进行。对他们的血压、心率、血液及饮食起居、日常活动、心理健康状况进行系统调查。通过对寿星们的饮食习惯、生活起居和日常劳动状况以及性格特征进行零距离地接触，以揭示永福长寿老人特殊的能量平衡模式、独特的长寿饮食文化和良好的心理状态对长寿的影响，探讨"能量平衡、心理行为与健康长寿"的关系，从能量代谢和心理健康方面揭开永福长寿之谜。

通过考察全面系统地了解了永福长寿老人的地域、家族和姓氏等分布特征，探讨了永福长寿有别于其他地区长寿人群的遗传现状和规律，考察取得了一定的成果。

能量是生物体生存的物质基础，因此，保持能量平衡对于生命和谐与健康长寿具有关键作用。能量平衡取决于膳食摄入和运动支出之间的平衡，膳食摄入能量的恒定或膳食平衡，能使体内所需要的营养及能量处于平衡的状态，运动消耗能量的恒定或支出平衡，能促使体内多余的能量散出，使机体能量处于平衡的状态，而规律的生活对于养生保健以及保持健康长寿具有重要作用。永福县是我国著名的长寿之乡，永福长寿老人有其独特的膳食谱和特有的食物组成结构。

经过对永福县长寿现象全面细致地考察，专家们总结出永福县作为一个长寿区域有如下几个特点：一是自然环境优美；二是空气质量清新；三是生活饮水质量好；四是当地所产食物富含硒、锌、铁、锰、锶、钴等人体必需的微量元素；五是人文环境祥和安宁，敬老爱老蔚然成风。由此得出以下结论：永福之所以成为长寿之乡，其主导因素是由居住地的气候条件、空气质量、土壤水质、粮食作物及人文环境等造成的，遗传因素并不起决定作用。智能长寿的长寿发展趋势，是人类长寿的必由之路。永福老人长寿现象是一种智能长寿，这是科考后专家得出的科学结论，也为永福"中国长寿之乡"的称号提供了充分的科学依据。

永福神奇的长寿事象还吸引了不少新闻媒体的热切关注，尤其是中国新闻周刊记者钱炜，中国老年报记者郭萍等，他们多次来到永福，走街串巷，深入村屯乡寨，遍访长寿老人，扎根寿乡探讨长寿的奥秘，力求从历史、人文、环境、气候、遗传、饮食等诸多方面来揭秘永福长寿的秘诀，留下了很有价值的研讨性调查性文章，推动了永福文化、经济等方面的发展。

杨泽（左二）团队与永福签订科考合作协议（永福县福寿办供稿）

三、集思广益，不断挖掘探索出版福寿文化系列丛书

永福，素有"福寿之乡"的美誉，福寿文化底蕴厚重，历史源远流长。永福县的福寿文化、长寿事象早已为学界和世人所关注。特别是本地有识之士对此进行了不懈地、卓有成效地探索和研究。为了弘扬福寿文化，加速推进先进文化与经济社会的融合，永福县倾力打造福寿节盛会，其独具魅力的"福寿文化"进一步引起了国内外的广泛关注。良好的社会和文化氛围，催生了永福县福寿文化研究会、广西大学文化与传播学院福寿文化永福研究基地相继挂牌成立，打开了福寿文化挖掘、研究和交流的大门，极大地推进了对永福福寿文化的发掘、整理、推介工作，永福福寿文化系列丛书应运而生。

永福县的"福寿文化"本质上是一种和谐文化，它体现的是一种与自然为友、与人为善、处世宽容的精神境界。因此，研究和弘扬永福福寿文化、长寿现象，不但具有学术价值，而且还具有重大的现实意义。

广西大学文化与传播学院福寿文化永福研究基地落户永福，是校地合作促进文化繁荣的成功典范，大幅提升了永福福寿文化挖掘研究人员的层次和水平，一批高层次的教授、专家、作家和学者直接参与了永福福寿文化的研究工作。第一届至第三届福寿节连续举办了三届作家创作笔会，邀请区内外知名作家共30多人，深入全县各乡镇采风、调研，挖掘永福福寿文化的精髓。永福本土的一大批文人雅士也满怀热情地加入弘扬、研究福寿文化的队伍中来，使永福在挖掘总结福寿文化方面取得了一系列成就，福寿文化建设成果斐然。

2006年以来，永福县连续编辑出版了30多部福寿文化书籍和影像资料。

福寿文化系列丛书（刘芳　摄）

《永福福寿文化志》是中国第一部福寿文化的专门志书，2007年9月由中国档案出版社出版，主编张廷兴、梁熙成

中国福寿文化，是中国民俗文化的核心组成部分，是中华民族大家庭中，各民族人民全体认同的通俗文化。有史以来，在永福县这块土地上，一直孕育着极其丰富的福寿文化。从中国福寿文化的起源、形成、演变、发展的全部过程，从原始社会时期人们对"福"和"寿"的最初追求，到今天全社会对福寿文化的弘扬光大，永福县都有着最直接、最生动、最典型、最完美的展示。

长期以来，对福寿文化进行系统发掘、整理、弘扬、传播，一直是永福人的心愿。当中国政府向世界宣告要创建和谐的中国社会的时候，永福人想到了，"和谐"不正是我们的福寿文化吗？于是想要编写一部永福县的"福寿文化志"的书，向世界介绍我们的福寿文化，为建设和谐的中国社会作出永福人的一份贡献。在经济建设快速发展、永福县步入小康文明社会的时代，在创建和谐的中国特色社会主义社会的今天，永福编修了中国的第一部《永福福寿文化志》。这是历史和时代赋予永福的一项责任，同时也是永福对创建和谐中国社会的一项贡献，是永福人对弘扬中华民族传统文化所作出的一份创造性的努力。

《永福福寿文化志》的编修人员，坚持客观、真实的原则，力求准确、系统、科学地介绍中国的福寿文化；全面、生动、历史地展示福寿文化的神韵和魅力；揭示、探究福寿文化的神奇内涵和真谛；倡导、推介福寿文化哲学思想与和谐、和美、真朴、纯善的理念；呈现自然生态环境与人们生活心态的完美结合等。这是对中国福寿文化研究的一种尝试与探索，是一次创造性的实践。

《百寿图考释》，2007年9月中国档案出版社出版，主编黄南津、刘家毅

  广西桂林永福县百寿镇东岸村旁百寿岩内有一摩崖石刻"百寿图"，为宋绍定年间（公元1229年）古县知县史渭邀请当时一批书法名家创制，并请高手镌刻而成，其形制为一个大"寿"字。大"寿"字中阴刻100个小"寿"字。

  百寿图石刻是现今所见的中国时代最早的集古代单字诸体于一身的古代摩崖石刻，对宋以后的百寿图、万寿图都有重要影响。而在大寿字中每个小寿字旁都有一至二个注释章说明书体，种类繁多且出处各异，很难寻根。历代文人和游客观百寿图感慨颇多，对小寿字也评论纷纭，莫衷一是，《永宁州志》则干脆以"多有漫漶"一言以蔽，不作考释。近八百多年来，百寿图一直有着神奇的色彩、披着神秘的面纱。而这集地方史、书法史、书法艺术史于一身的摩崖石刻珍品藏在深闺无人识，至为可惜、可叹！

  为向世人展示永福福寿文化的深厚内涵，拨开百寿图的神秘面纱，对百寿图进行考释。由广西大学文化与传播学院承担考释工作，文化与传播学院汉语言文字学专业2005和2006两个年级12位硕士研究生在主编、副主编带领下对百寿图摩崖石刻、拓片以及百寿地方风土人情进行了深入实地考察，在此基础上对百寿图所刻寿字从书体、字形、注释章等方面比对典籍作详细考证、综合分析，尽量从时代、渊源、书体、书者上追根溯源、展开论述，结撰为《百寿图考释》一书力图为百寿图作一个系统的总结，以求阐释百寿图的深刻内涵。《百寿图考释》是对"百寿图"内100个"寿"字的定体形作出考证，并对其相关的文化现象作出分析。本书还附有百寿等地的近50幅与百寿图相关的插图，以提供相关的文化背景。

  百寿图石刻是现今所见的中国时代最早的集古代单字诸体于一身的古代摩崖石刻，《百寿图考释》也将成为稀见的专释一字的著作。在中国书法史、中国文化史上有一定地位和影响。

《百岁秘诀》，2008年10月北京大学出版社出版，主编蔡洪光

  永福，积淀深厚的历史、和谐灿烂的文化孕育了众多神秘的百岁老人，吸引了我国著名经络专家蔡洪光先生的高度关注。2007年开始，蔡洪光先生6次来到永福，带领十多人的团队跋山涉水、披星戴月地行走在永福乡村之间，对30多位百岁老人、80多位其他年龄的长寿老人和金婚、钻石婚夫妇，从中医角度做了全面身体检查，对老人的日常饮食、作息规律、生育状况、疾病情况、周围环境等展开调查，探索永福老人长寿养生的奥秘。通过认真仔细地调查研究，掌握了大量的第一手资料。随后半年多的时间里，他取消一切商务和社会活动，专心攻书，写成《百岁秘诀》。在这本书中，蔡洪光先生从百岁老人的面部、五官、手脚、腹部、脉象、血压变化及经络状况来说明百岁老人的健康情况，尤其是将中国5000年来的中医、中药的文化与人体里表变化结合，并进行量化分析。把理论与实践、临床与生活、预防与治疗有机结合；把人体的面部表现与机体内部五脏六腑、气血和经络的变化相结合；并对百岁老人的面部表情彩照进行分析，反映出蔡洪光先生细致的观察能力和高深的分析水平。

永福有记载的长寿事象已有2000多年的历史，但对百岁老人这样专业系统地研究，并编撰成书，蔡洪光先生是第一人。永福的百岁老人是一本书，记载着生命的辉煌；百岁老人是人生的密码，诠释生命的智慧。蔡洪光先生编撰了这本智慧之书，致力于破译生命的密码。《百岁秘诀》的出版，填补了相关领域的空白，更是对永福长寿研究的重要贡献，是献给所有长寿老人的一份爱心，是献给追求健康之人的厚礼。

蔡洪光团队看望永安乡百岁老人廖素兰（永福县福寿办供稿）

《永福彩调史稿》，2014年2月广西师范大学出版社出版，作者梁熙成

永福彩调历史悠久。在清乾隆年间，罗锦林村便有彩调演唱班子并授徒传艺，彩调作为剧种已经成熟，而在清道光至光绪期间，永福更是有了"调子王"蒙廷章（1815—1874）、林锦溪（1835—1884）等一批著名彩调艺人和班主，至清末民初，彩调逐步传出永福，唱遍广西，成为广西两大地方戏之一。

中华人民共和国成立后，在党和政府的重视下，永福彩调得到了弘扬和发展。

梁熙成永福当地人，从1984年到2014年的30年时间里，他利用业余时间深入永福农村，广泛细致地搜集到大量的第一手珍贵材料，这些材料反映了彩调剧的形成、发展、成熟的过程，也有力地佐证了永福县林村就是广西彩剧的发祥地，同时也因为该书的资料大都来源于实地调查和永福民间彩调艺人，该书出版后戏剧界的专家学者对此评价颇高，称之为"一部接地气的地方戏剧研究专著"。

福寿节出版发行福寿文化系列丛书（音像制品、图册等）

序号	福寿节届数	丛书名称	类别	出版社	出版（书）时间	主（副）编	承办单位
1	第一届	《电视纪录片——走进福寿之乡》	纪录片	桂林贝贝特电子音像出版社	2006.10	阳纪军 陈伟	县福寿办
2		《魅力福寿节1》	画册		2006.11	唐庆甫	县福寿办
3	第二届	《永福福寿文化志》	图书	中国档案出版社	2007.09	张廷兴 梁熙成 黄南津 黄海云 邢永川 林庚运	广西大学文化与传播学院
4		《百寿图考释》	图书	中国档案出版社	2007.9	黄南津 刘家毅 张廷兴 邢永川 龚然辉	广西大学文化与传播学院
5		《36位百岁老人生活实录》	图书	华龄出版社	2007.09	邢永川 莫光裕 张廷兴 黄南津 谢仲晓	广西大学文化与传播学院
6		《永福福寿养生食谱》	画册		2007.10	唐沐林 姚桂英	县福寿办
7		《魅力福寿节2》	画册		2007.11	唐庆甫	县福寿办

（续　表）

序号	福寿节届数	丛书名称	类别	出版社	出版（书）时间	主（副）编	承办单位
8	第三届	《永福石刻》	图书	广西人民出版社	2008.09	黄南津 黄流琪 刘家毅	广西大学文化与传播学院 县文体局
9		《福寿之乡》	图书	漓江出版社	2008.09	黄继树 梁熙成 黄德辉	县文体局
10		《永福前贤诗词集》	图书		2018.08	罗明圭 梁熙成	永福诗联学会
11		《江行图》（仿品）	图册		2008.09		县文体局
12		《孔太——没时间去老》	DVD	中国音乐家音像出版社	2008.09	吴宣宏	北京蜂飞文化推广有限公司
13		《魅力福寿节3》	画册		2008.11	唐庆甫	福寿办
14	第四届	《百岁秘诀》	图书	北京大学出版社	2009.10	蔡洪光 黄泽治 廖永梅	县福寿办 广州洪光经络文化传播公司
15		《不老的传说》	DVD	桂林贝贝特电子音像出版社	2009.08	阳纪军 廖建新	县广电局 桂林阳光灿烂文化艺术传播公司
16	第五届	《桂林特色旅游纪念——国画手绘永福旅游图》	画册		2010.09	黄泽治 李柳军	县福寿办、县旅游局
17		《永福福寿饮食文化研究》	图书	广西人民出版社	2010.10	黄南津 肖　霞 刘二辉	广西大学文化与传播学院 县福寿办
18		《走进寿乡——永福篇》	图书	湖北科学技术出版社	2010.09	黄泽治 萧立宽	县福寿办
19		《福寿文化与经济社会发展》	图书	广西人民出版社	2011.01	宿国富 唐基苏	县福寿办

（续　表）

序号	福寿节届数	丛书名称	类别	出版社	出版（书）时间	主（副）编	承办单位
20	第六届	《第六届福寿节书画展作品集》	画册		2011.10	黄泽浩 秦心国	县福寿办
21	第七届	《故乡重阳树》	微电影		2013.04	策划：李闯 黄泽治 编剧：李闯 刘啸宇 导演：陈强	香港有线电视·中国旅游与经济台《直通世界》栏目组、北京中天凤凰文化传媒有限公司摄制
22	第八届	《永福彩调史稿》	图书	广西师范大学出版社	2014.02	梁熙成	县文体局
23		《福寿养生家园摄影画册》	画册				县摄影协会
24	第九届	《情系永福 书画福寿——八桂书画名家作品邀请展》	画册		2014.10	秦家德	县文新广体局
25	第十届	《广西长寿文化集萃——永福篇》	图书	广西人民出版社	2016.08	杨志德 黄泽治	县福寿办
26		《福寿之乡——中国当代书画名家作品集》	画册		2016.10	秦家德	县文新广体局
27	第十一届	《中国书画名家作品展》	画册		2018.10	秦家德	县文新广体局
28		《寿乡永福》	图书	广西科学技术出版社	2018.12	林庚运 姚贵英 黄德辉	永福县老年学学会

四、实至名归，永福荣获首批中国长寿之乡殊荣

永福县历史文化底蕴厚重，长寿老人辈有人出。

2006年10月首届福寿节期间，永福县进行了"十大寿星"的评选活动，在评选过程中惊奇地发现，永福境内的百岁老人竟有32位之多！消息一经公布，立即引起了社会各界的广泛关注。

中国长寿之乡评审活动从2005年开始，按"中国长寿之乡评审标准"和"中国长寿之乡评审办法"进行评审确定。其评审标准包括两个前提条件（包括10万人以上，县级行政单位）、三个必达指标（包括百岁老人比例7/100000以上的长寿代表性，区域人口平均预期寿命的长寿整体性，80岁以上老年人口比例的长寿持续性）、十二个考核指标（包括区域经济，生态环境，养老和医疗卫生状况，基尼系数等）。

2007年春节刚过，中国老年学学会拟在全国开展"中国长寿之乡"的评选工作的消息像一池平静的湖水落入一颗巨大的石子，荡起了阵阵涟漪，永福县高度重视，第一时间将申报"中国长寿之乡"的工作纳入全县工作重要的议事议程。

2007年4月，福寿节组委会工作人员（黄泽治、龚然辉二人）带着县委、县政府的重托，专程前往北京向中国老年学学会领导、专家全面汇报永福的区域长寿现象和深厚的福寿文化。

黄泽治向萧振禹教授介绍永福的区域长寿现象（龚然辉 摄）

6月，中国老年学学会相关工作人员来到永福进行区域长寿现象的实地考察调研。其间分别在永福县城以及百寿、苏桥等乡镇走访了多位百岁老人，对永福的长寿现象予以充分肯定。

时任永福县委书记赵德明向赵宝华副会长介绍永福福寿文化的深刻内涵（永福县福寿办供稿）

时任永福县人民政府县长文建中向赵宝华副会长介绍永福快速发展的经济状况（永福县福寿办供稿）

至2007年5月底止，永福县申报"中国长寿之乡"的各项数据达标情况如下表：

类　别	项　目	要　求	全国水平	永福县水平	资料来源
一、前提条件	1. 评定地区	县级、市、区、旗		永福县	
	2. 户籍人口	10万人		27.031万	统计局
二、必达指标	1. 长寿代表性	百岁及以上老年人占总人口7/10万以上	1.3/10万	（30名百岁老人）比例11.09/10万	民政局
	2. 长寿整体性	人口平均预期寿命比全国水平高3岁	70岁	73.54岁	统计局
	3. 长寿持续性	80岁以上老年人占总人口比例1.4%以上	1.4%	2.36%	民政局
三、考核指标	1. 近些年经济稳定发展、人均收入不断增加	城乡居民家庭人均收入达到或超过全国平均水平		+15.07% +10.92%	统计局
	2. 城乡居民收入差距适中	基尼系数在0.4以下	0.45	0.33	统计局
	3. 实行基本养老保险制度覆盖面	年末参保人数超过全国平均水平	13.4%	年末参保人数占总人口比重19.69%	人事局
	4. 实行基本医疗保险制度覆盖面	年末参保人数比重超过全国平均水平	10.5%	年末参保人数比重43%	人事局
	5. 农村参加新型合作医疗制度覆盖面	参加农村合作医疗人数比重超过全国平均水平	53.44%	年末参保人数比重81.8%	卫生局
	6. 每千名老年人拥有老年福利类收养单位床位	超过全国平均水平	9.7‰	10.4‰	民政局
	7. 贫困老年人都能获得政府的社会救助			社会救助比例100%	民政局
	8. 每千人拥有卫生床位数	超过全国平均水平	2.5‰	2.53‰	卫生局
	9. 卫生技术人员数	超过全国平均水平	4.2‰	4.28‰	卫生局
	10. 森林覆盖率或城镇人均公共绿地面积	森林覆盖率不低于20%或城镇人均公共绿地面积8平方米以上	18.21% 7.9平方米	74.1%	林业局统计局
	11. 大气质量	达到或超过国家二级标准		达到国家二级标准	环保局
	12. 生活饮用水	达到国家GB/T5750-2005标准		农村30%达标、城镇56%达标	卫生防疫站

2007年8月，永福县正式以永福县人民政府名义，向中国老年学学会递交《广西壮族自治区永福县申报中国长寿之乡材料》书。经专家严格评估审核，确认永福县申报材料各项数据准确无误。

中介机构工作人员深入百岁老人家庭进行实地核查（永福县福寿办供稿）

随后，评委会专家组在永福县召开"中国长寿之乡"评审工作会议。会上，评审专家对永福县申报"中国长寿之乡"的相关问题进行咨询、提问，相关部门领导、负责人分别进行了答辩。表决通过永福县是否获得"中国长寿之乡"时，中国老年学学会常务副会长兼秘书长赵宝华因故未能参加会议，特地以书面意见的形式充分肯定和力挺永福。他是这样写的："我今年五月曾到永福县做了一次长寿问题的调查，最近又看了永福县申报长寿之乡的报告及中介调查公司的核查意见。我认为，永福县在百岁老人比例、人口预期寿命和80岁及以上老人占总人口比例三个主要指标上，均达到了规定的标准，参考指标也符合要求。永福县生态文明和长寿文化历史悠久，底蕴丰厚，具有重要的研究和开发价值。永福县的申请报告写得也很好，内容翔实，有说服力。此外，永福县委和县政府十分重视长寿问题，重视长寿和发展的关系，思路清晰，工作有力度。综上所述，我认为，永福县符合中国长寿之乡条件。因为筹备会议难以脱身，特写了这个书面意见，请代为宣读。"

赵宝华常务副会长手稿（永福县福寿办供稿）

与会专家们一致认为，永福县申报"中国长寿之乡"的报告符合实际，各种数据指标符合中国老年学学会制定的"中国长寿之乡"标准，并且永福县具有厚重的人文和自然环境，建议中国老年学学会授予永福县"中国长寿之乡"的称号。会上，永福县高票获得通过（20位常务理事，永福获得18票）。

长寿之乡评审（永福县福寿办供稿）

永福县获得中国老年学学会正式命名首批"中国长寿之乡"殊荣！延续了千年历史的荣耀，开创了永福县福寿文化新篇章，续写了今日之辉煌。同时获得首批"中国长寿之乡"还有两个县：湖南的麻阳苗族自治县和四川的彭山县（现为四川省眉山市彭山区）。

2007年12月，中国老年学学会联合永福县、麻阳苗族自治县在桂林市榕湖饭店国际会议中心召开新闻发布会，40余家海内外新闻媒体及永福县相关部门负责人共100余人参加了新闻发布会。永福县欣然接受授牌，永福长寿之乡实至名归，永福长寿盛事进入高光时刻。

新闻发布会现场（永福县福寿办供稿）

时任县人大常委会主任于顺弟（中）、时任县人民政府县长文建中（右）
从赵宝华常务副会长手中接过中国长寿之乡牌匾（永福县福寿办供稿）

回过头来看，当年永福县在短时间内顺利地获得第一批"中国长寿之乡"荣誉，除了领导重视、反应迅速、把握重点、突破难点，加强与老年学学会的协调沟通、申报工作一丝不苟外，一个很主要的因素，就是永福独具特色的几大要素：

1. 福寿文化源远流长，长寿老人辈有人出（历史和遗传因素）

永福县有史以来，百岁老人就年年不断。据人口普查资料表明，永福县人均寿命与全市、全区乃至全国相比，都是比较高的。截至 2009 年 10 月底，永福县总人口为 27.78 万人，全县 100 岁以上（含 100 岁）老人有 36 人，百岁老人占全县总人口的比例达到了 12.9/100000，大大超过目前世界公认的每 10 万人有 7 名百岁老人这一世界长寿之乡评定的标准。

据永福县志记载，隋代，在凤巢山对面永福山处设乡，名永福乡。唐高祖武德四年（公元 621 年）置县，县以乡名，叫"永福县"，县名一直沿用到今天。宋大观元年（公元 1107 年）永福李琪高中武状元，衣锦荣归之时，曾到凤山脚下的书馆拜谢恩师。他书写了一个大大的"福"字。"福"与"佛"谐音，得福者安，于是后人在山顶巨石上刻下这个大"福"字。由此可知，永福这个地方，自古以来就有着最优良的生态环境，蕴藏着妙理天机，是人们心目中最理想的生存之地。它的山山水水间饱含着中国福文化的天然成分，成为中国福文化的摇篮。福文化和寿文化都是中国传统文化中最以人为本、最淳朴的部分，更是中国吉祥民俗文化的核心，多福多寿、福寿双全是人们的普遍愿望。

2. 永福县山清水秀，空气宜人（环境因素）

永福地形地貌特殊，特色鲜明。独特的地形地貌，使得这里形成一个天然的小气候王国：这里是降雪的分水岭，再往南就没有白雪纷飞的世界。境内多山多水，四季分明，冬短夏长，空气清新，空气中负氧离子的含量很高，很多地方每立方厘米空气中高达 8 万多个，是平原地区的 30 多倍。土壤中所含的微量元素丰富，铜、铁、锰、硒、钾、铬等较高，其中硒元素含量为每千克 1.1 毫克，是全国平均值每千克 0.25 毫克的 3.8 倍，可称作是富硒土。全县有泉水近千眼，这些泉水都是小分子团，呈弱碱性，氧化还原低，矿物质含量丰富。

境内天平山山脉两支脉大雾山、大崇山由西北向南和东南延伸；架桥岭自东南向北和西北走向，构成县内近似 N 形山体。大部分区域属深丘地带，中亚热带季风气候。阳光充足，全年平均气温 18.9℃；雨量充沛、分布均匀，年平均降水量 2000.6 毫米，无霜期 312 天以上；空气清新，大气质量达二级标准；水质优良，生活用水达到国家 GB/T 5750—2023 标准。近年来，永福县大力实施生态建设，积极开展绿化造林活动，仅 2006 年全县造林面积就达 4.6 万亩，全县森林覆盖率已达 74.1%。

3. 永福县物华天宝、特产丰富（物质因素）

永福地处亚热带温带交界处，温暖湿润的气候，养分充足的土壤，立体的生态环境，非常适宜农作物、动植物生长，是我国南方天然的生物资源宝库。共有药用植物、药用动物和药用矿物资源 2700 多种，其中属于国家《药典》规范的中药材共有 219 种，占全部《药典》规范中药材总数的 48%。国家重点经营的 20 种中药材，永福县就有黄芪、金银花、绞股蓝等 11 种。永福县罗汉果的产量占到了全球的 70% 左右，1995 年被农业部（现为农业农村部）命名为中国罗汉果之乡，2004 年"永福罗汉果"获国家质量监督检验检疫总局（现为国家市场监督管理总局）认定为国家地理标志保护产品。永福还是中国野生山葡萄酒基地县之一。此外，永福香米、三皇乡的西红柿、百寿镇的柑橘、苏桥镇的荸荠、永安乡的笋干、堡里乡的香菇等，远销区内外。永福县西红柿 2005 年被农业部（现为农业农村部）认证为"无公害西红柿农产品"；2005 年、2006 年永福县荣获"无公害水果生产基地"称号。

4. 福寿文化氛围浓厚，敬老爱老蔚然成风（社会和心理因素）

加强福寿文化的挖掘和研究，成立福寿文化研究会。出版多部福寿文化书籍和影像资料。

福寿文化敬为先。永福重视爱老敬老工作，努力营造爱老敬老的良好氛围，每年福寿节都评选出"十大寿星""十大孝星""十大和谐家庭"模范，对他们的事迹进行展示，邀请他们参加福寿节系列活动，并给予表彰。

社会和谐。家庭成员之间互敬互爱，关系和美，利于健康。住房相连的隔壁邻舍之间不管是两家三家还是十家八家都开一个门相通，称"和气门"，互相来往，夜不闭户，相处融洽；邻里之间无论生产、生活还是天灾人祸，只要有困难，大家主动帮忙，不计酬劳。乡人以与百岁老人为邻而荣，逢年过节，杀猪宰牛，都不忘给老人送上几两肉，甚至杀鸡杀鸭也把最好吃的部位敬奉给老人吃，表示对老人的尊重和敬爱。如此种种，体现了永福人"孝亲爱身，仁者长寿"的思想理念和社会和谐规范。

"养生产业示范基地"的申请。在申报"中国长寿之乡"的同时，对照世界养生大会的主旨："弘扬科学养生文化，传播科学养生理念，发展良性养生经济，营造良好养生环境"。永福县举办的养生旅游福寿节，指导思想、主题、目标等方面与其高度一致。世界养生大会组委会官员应邀考察永福后，高度赞扬了永福在自然环境及其保护、传承弘扬福寿文化以及经济社会各方面所取得的成绩。尤其是对永福县致力于无公害农业产业和有机农业，努力生产安全放心食品并取得显著成就赞赏有加。2007年8月20日，世界养生大会组委会授予永福县"养生产业示范基地"称号，又一块含金量高的招牌落户永福。

获得"中国长寿之乡"和"养生产业示范基地"的影响力是深远的。千年等待，一朝获得，名副其实。

第三章 深入群众 枝繁叶茂

永福县福寿办供稿

一、非遗花开——永福县非物质文化遗产

非物质文化遗产是指各族人民世代相传的、与群众生活密切相关的各种传统文化表现形式（如民俗活动、表演艺术、传统知识和技能，以及与之相关的器具、实物、手工制作品等）和文化空间（即定期举行传统文化活动或集中展现传统文化表现形式的场所，兼具空间性和时间性）。非物质文化遗产简言之，就是文化遗产中的无形文化遗产，是承载中华民族精神与情感的重要载体，是维系国家统一、民族团结的基础，也是人类智慧的体现。

永福福寿文化是永福地域独有的文化空间，具有中华文化的共性，也具有永福地域文化个性。我们认为，永福福寿文化的概念定义是：永福福寿文化是永福民众在历史长河中与自然相处所产生的追求社会安宁、生活幸福、人生长寿的思维和实践的智慧结晶；它的具体载体是永福的物质文化和物质文化遗产、非物质文化和非物质文化遗产两项内容，如百寿图、大福字这类可视的物质文化和彩调、状元文化这类非物质文化。福寿文化是主体文化，载体文化是架构，载体文化充实、丰满了主体文化。永福的非物质文化遗产对依托永福福寿文化而兴办的永福福寿节，起到了重要的支撑作用，反过来，永福福寿节的兴办，对永福的非物质文化遗产的保护、传承又起到了良好的促进作用。

在现代文化浪潮的冲击下，永福非物质文化遗产的保护传承和全国各地一样，正面临着历史上前所未有的急剧变迁，种种时代变化以及外来文化的影响，给一向主要靠口传心授方式传承的非物质文化遗产以及文化遗产传统带来了巨大影响。一是失去生存土壤；二是遭到不同程度的破坏，甚至因传承人的逝去而濒临消亡；三是遭到人为损毁甚至流失海外。为此，党中央、国务院对保护中国非物质文化遗产工作高度重视，制定了一系列保护传承非物质文化遗产的政策、法规。2005年3月，国务院办公厅颁发了《关于加强我国非物质文化遗产保护工作的意见》，使全国的非物质文化遗产的保护工作有了规范的指导方针。2011年2月25日，全国人大正式公布了《中华人民共和国非物质文化遗产法》，全国的非物质文化遗产的保护工作进入了依法的轨道。2008年，永福县人民政府制定了《永福县非物质遗产保护工作意见》。同年，公布了"廖扶传说"等42个项目为第一批永福县非物质文化遗产保护名录。2010年至2018年，"福寿文化""蒙廷璋传说"等18项被列入市级非物质文化遗产名录；2010年5月至2020年，"永福彩调""永福阴笛乐"等7项公布列为自治区级非物质文化遗产名录。福寿节这股东风的助力，使永福县非物质文化遗产的现存状况得到有效改善，特色价值也日益彰显。

第一批永福县非物质文化遗产保护名录，具体名单及简介如下：

（一）廖扶传说

廖扶，东汉时始安边地（今永福县百寿镇）人。史料载，"廖扶，汉初始安县人，寿158岁，惠帝时得道，敕封拯危真人，享祭都峤山中。"作为长寿之乡长寿人的第一人，廖扶传说讲述了自古以来永福这一方水土能使人长寿的各种自然因素和人文因素，是永福长寿文化和福寿文化的根基。

（二）丹砂井传说

丹砂井位于永福县百寿镇东岸村百寿岸前，是永福县第一名泉，是长寿之源，是长寿之乡长寿文化的实物根基，其传说记叙了丹砂井与长寿的史实与故事，使永福长寿文化更形象、更丰满。

（三）凤山传说

凤山是永福地标，其传说包含状元、生态、县城人文故事，反映了永福历史源流，蕴含着福寿文化的基础元素。

（四）李王传说

李珙（1078年—1126年），字温之，毛洞古河（今堡里乡）人，宋大观元年（1107年）武状元。永福民间尊之为"李王"，李王传说有李珙少年、成长事迹和智慧表现，是永福福寿文化的重要因素之一。

（五）拐脚状元传说

王世则，是出自永福的宋代状元，传说中的他有腿部残疾，但聪明过人，满腹文章，大智大慧，拐脚状元是永福家喻户晓的故事，其故事内容所反映的智慧和文采，是永福福寿文化的具体表现。

（六）韦银豹传说

韦银豹是明代古田（今百寿）壮族义军首领，在明隆庆五年（1571年）古田起义被明朝廷镇压时，韦银豹因抵抗失败被俘杀害，但他的事迹以各种传说留至今日。传说中有的反映了壮族人民生活史，有的反映了韦银豹的雄心壮志，在永福民间文学中和地方史学中占有重要地位。

（七）仙姑岩传说

仙姑岩位于百寿镇山南村前庵子山腰部，该山东面临河，石壁陡峭如斧劈刀削。岩中有一处悬崖墓，传说就是关于墓中主人的人生经历及传奇故事，涉及古代民风民情民俗，是福寿文化深层内涵之一。

（八）大福字传说

大福字位于县城凤山上，传说反映了永福人民自古以来祈福求福的心愿和福字的渊源，是福寿文化根基所在。

（九）百寿图传说

百寿图，刻于永福县百寿镇东岸村后山夫子岩西悬壁上。该"寿"字是由南宋绍定己丑年（1229年）的古县（今百寿）知县史渭所书，请静江（桂林）名匠镌刻。传说内容反映了古代永福历史上长寿现象及其根源，反映了长寿之乡的深层文化内涵，是福寿文化的根基所在。

（十）蒙廷璋传说

蒙廷璋（1830—1900年），永福县罗锦镇江月村江尾屯（老村）人，他是第一个彩调"教馆"艺人，被后人尊称为彩调的"一代宗师"。传说由多个故事组成：《灯痴》记叙了蒙廷璋从小痴迷唱灯（彩调），放牛时忘了解绳把牛晒死的故事；《蒙廷璋教馆》则记叙了蒙廷璋打破了师傅"单带"的授徒习惯，开馆收徒12名，开创了唱灯（彩调）师傅"教馆"先河，并分角定型，分成"男角"和"女角"，整理一批唱灯（彩调）的简单脚本，唱灯（彩调）有了自己的剧本故事；《一人独唱娘送女》记叙了蒙廷璋充分利用民间故事、社会文化结合母女情感等，套用于腔口中，一人表演娘送女，显示了他高超的演技及唱功水平；《蒙林打擂》记叙了蒙廷璋和另一位唱灯高手林锦溪唱灯打擂赛，用自创的"蒙腔"（数板）击败林锦溪的故事。传说记述了广西彩调第一人从学生到拜师、成才、授徒、创新的艺术人生道路，是彩调艺术史的口述史证。

（十一）李氏一门梅画

李氏一门特指清代永福县罗锦镇崇山村李姓绘画世家，其门以画梅名世，代代相传，八代不衰。

创始人李熙垣，其后李吉寿、李骥年、李翰华、李允元、李传瑾、李鸿渡、李嗣源可为代表。

李家梅画，尤以李吉寿的墨梅最为著名，形成了自己的风格特点，其蘸墨浓淡均匀，干湿涂枝，新枝似柳，旧枝以鞭，梢如鹿角，花萼有间，花须如虎须，椒珠虾眼的画梅技法在其后人及习作者中一直传承。

（十二）永福瑶族民歌

"永福瑶族民歌"为瑶族山歌，传唱于永福县永福镇、堡里乡、广福乡、龙江乡等部分瑶族聚居地区。

永福瑶族民歌是永福地域内瑶族民众自有的一种自娱、社交、抒情的文化艺术形式，以瑶语演唱，演唱者用装饰音、自身嗓音和节奏处理以强化其美感，音乐旋律与瑶语音韵结合。永福瑶族民歌演唱形式有独唱、齐唱、对唱（盘歌），旋律结构属五声音阶徵调式，节拍为 4/4 拍，多为慢板，上下装饰音丰富。演唱场合和演唱内容可分为喜庆节日、劳动场面、男女恋爱、表事追思、族史叙述和故事讲述等。

（十三）过山音

"过山音"是流传在永福县罗锦、堡里高山地区的民族民间原生态音乐的高音山歌。过山音与一般的山歌有所不同，它需要在特定的时间和地点才能演唱。在永福山区农村，流行一种亲朋好友互相帮忙共同完成农忙时节耕作的方式，叫作"打背工"。由于山高岭陡，人与人距离较远，在开工、休息、收工时会有歌师用劳动歌词吼喊过山音来协调劳动步骤；再就是人们独自行走在阴森的大山岭或独自在深山劳作倍感孤独时，大声吼喊过山音来壮胆和排遣寂寞，偶尔会有人在山中遇见心仪的人时用过山音传情。其他时间和场合一般不唱过山音。过山音演唱方式多为独唱，劳动时节有极少的对唱。基准调为 D 调，2/4 拍，唱词为七字句，音符多有连音、下滑音和颤音，过山音曲调高亢，音色优美抒情，节奏变化自由，穿透力强，具有技巧性民歌旋律优美、传承范围小等特征以及地域性特征。

（十四）祝寿歌

"祝寿歌"是流传于永福民间的汉族民歌，本地壮族也多有咏唱。其旋律优美,内容简练,由一人主唱众人附和合唱。该曲一般是在为老人贺寿时演唱,是福寿文化的实例佐证。

(十五) 阴笛曲牌演奏

阴笛曲牌流传在永福县堡里乡一带,有七十二神曲牌和法事、喜丧事曲牌近200余支,多用于傩戏、祭祀及喜丧事等场合。

阴笛曲牌因使用曲笛(阴笛)吹奏主旋律而被称为阴笛曲牌,也有因演奏人数多为五人而称"五师父"。

阴笛曲牌演奏技法独特、乐器独特、音乐独特,均是永福特有的音乐元素,是永福特色文化内涵之一。

(十六) 牌灯舞

"牌灯舞"是永福的民间牌灯舞蹈。人们把美好的祝福意愿书写于牌灯上,通过牌灯组合、舞动,形成多组吉语,表达人们追求四季平安、吉祥如意、风调雨顺、五谷丰登等吉兆的心情,后经几百年的流传、演变,形成了民间广为传播的牌灯舞。

牌灯舞演员多,整个表演内容在牌灯之上,它必须依照规律变化队形和位置,使牌灯变幻出"清牌、洗牌、擦牌、对子、乱牌、圈牌、分牌、垛牌、穿牌、亮牌"等各种不同花样。

牌灯舞伴奏音乐用哨笛、铜铃、鼓、钹,2/4节奏,内容丰富,表演动感强劲,是永福民间舞蹈代表作之一。

(十七) 跑纸马

"跑纸马"起源于清代,表演形式为表演者身挂纸扎、彩绘的马匹,身着彩装舞动行进,舞步风格为跳跃性进步,并借以人物的各种滑稽动作,诙谐幽默,优美风趣。

跑纸马舞蹈一般不用器乐伴奏,只需一面坤鼓,一个竹梆击出各种类似马蹄声的强烈节奏,后为加强效果,亦套用永福民间音乐曲目增加气氛。是永福原生态舞蹈代表之一。

（十八）板凳龙

"板凳龙"是由永福民间采用三脚条凳扎上龙头、龙尾而成，其舞者可有二人、三人或四人；即兴选用彩调唱腔，锣、钹、鼓伴奏，边唱边舞。形式活泼，动感强烈，欢乐性和观赏性强，既可自娱也可表演，是永福民间舞蹈的代表之一。

（十九）赶火舞

"赶火舞"是一种直接从烧田基草的劳动中演变而成的民间舞蹈。舞蹈场地在野外，舞蹈围着火龙追赶嬉闹。动作较为丰富、欢快。

相传在明朝时，在古田县（今百寿、永安、三皇、龙江），柳州的融安、雅瑶、桥板、山贝、鹿寨县的中渡乡一带，农民韦银豹起义，朝廷派重兵来镇压，韦银豹利用田埂上的杂草掩护设下伏兵，将官兵打败。官兵为赶尽杀绝起义军，赶着老百姓把所有田埂草刘尽烧光。后人们发现在被烧过田埂的田里种稻谷，害虫很少或没有了。从那时起就传下了每年冬天烧田埂赶火龙头习俗。

（二十）蚌壳舞

"蚌壳舞"原是舞龙耍灯队伍的一个组成部分。每逢春节、元宵节，蚌壳则和其他水族一起跟在龙灯队伍后面舞蹈助兴，后因独具表演艺术而剥离单列成舞。"蚌壳舞"多由蚌与龟对舞，其舞蹈中美与丑、善与恶对比鲜明，动作优美、自然、细柔，套用彩调、文场、本地民歌曲调，即兴自编歌词，用对唱形式，灵活地夹用道白载歌载舞地表演。是永福民间舞蹈的代表。

（二十一）永福彩调

"永福彩调"是广西永福县县域内发祥、产生的一个自成体系的传统戏剧。

永福彩调经历了萌芽、成长、成熟、兴衰四个时期。

1. 萌芽期：明中期，林氏家族从福建迁来永福县罗锦林村，引入老家乡俗祭令公，祭祀时耍文灯、武灯助兴，文灯中融入采茶、花鼓戏、山歌、小调演唱。

2. 成长期：清乾嘉时期，形成剧种，称小曲花灯。

3. 成熟期：清道光至民国时期，道光年间永福江月村人蒙廷章创新彩调，定腔录谱，多徒并授。彩调成为成熟剧种。

4. 兴衰期：民国后期至今，此期间呈波浪式兴衰。

彩调是三小戏，即小生、小旦、小丑三角色做戏，通过角色扮演，辅以手绢、扇花、彩巾等道具，用桂柳方言，以固定唱腔和表演程式，搭配民乐伴奏，其表演载歌载舞，语言诙谐幽默，剧情通俗易懂，多为正统道德和平民情爱故事，是一个快乐剧种。

彩调后来发展成为广西三大地方戏之一，但永福彩调仍被视为彩调艺术之根。在永福民间，仍保存有原生态唱腔、原生态表演传承，有蒙延章用工尺谱所录的彩调唱腔《江月社灯谱》存世。

（二十二）阴笛制作技艺

"阴笛制作技艺"仅流传于永福县堡里乡一带。阴笛起源于宋代，是永福民间特色音乐——永福县阴笛乐演奏的主奏乐器，苦竹材质，仅有吹奏口和六音阶孔七孔，无笛膜孔，由乐师自行制作。制作方法独特，讲究选材并扣紧音程，技术多由乐师口传身授，并以前辈留传的母笛为模本，遵循永福阴笛乐所需的音色、音阶精心制作。

（二十三）唐泰隆纸扎技艺

永福县纸扎艺术以唐泰隆纸扎铺为代表，唐泰隆纸扎铺可追溯的确切经营时代在清末时期，至今已有100多年历史。纸扎艺术主要用于民族民间节日喜庆、祭礼庆典等场合。其主要用材是毛竹、竹篾、木棍、棉纸、颜料等，纸扎艺术造型依据传统的"形、体、角、色"四字原则，扎成各种人物、动物、花草、鱼虫、戏曲人物等形象，糊以棉纸，涂上彩绘，形象逼真，惟妙惟肖，是节庆活动中少儿最喜欢的玩具，也是龙狮队伍中必不可少的动物配角。其中扎成鸳鸯、蝴蝶、蜈蚣等形象的风筝不仅形象生动，且能高飞入云。其所扎的宫灯花样繁多，有走马灯、吉语灯，以及花鸟、戏剧人物灯等，其造型别具一格，精巧艳美，具有浓厚的中原文化和地域文化相融合的特色；题材广泛，与民间神话、民间故事、地方民俗相联系，作品结构严谨，造型夸张，色彩鲜明，具实用性、观赏性、收藏性，是中华技艺中原生态工艺品，是永福地方手工工艺品的代表作品。

（二十四）罗锦雨伞制作技艺

永福油纸伞源于明末崇祯年间，距今已有300多年的历史，清代、民国时期继续发展，罗锦雨伞是永福雨伞中的代表，罗锦雨伞在1921年已发展成型。有小作坊40多家，罗锦镇约有70至80户人家做伞。刘黎青1952年编写出版的《广西土特产销况》一书中记载：罗锦镇出产的罗锦雨伞，品质和质量可为全省雨伞业之代表，参加工作者500余人，年产雨伞20余万把。选择优质的毛竹做伞骨，苦马木、水冬瓜做上下伞斗；湖南武岗上乘棉纸作裱糊纸，本地柿子胶水为黏剂，桐油上油；伞把用结实空心绵竹、京竹制成，然后用铜质帽封顶。有72道工序。制作工具：马架、篾刀、棕刷、线钻、毛竹、木头棉、桐油、纱线、颜料、藤条。

（二十五）永安马岭民居构建技艺

马岭民居位于永福县永安乡喇塔村马岭屯，该民居建于清代，其分布状况为东西长100米，南北宽200米，面积2万平方米。由韦氏家族距今约300年前从庆远府东兰州搬迁至马岭村的祖先所建。集城堡、山庄建筑结构为一体，内布三街六大排房屋，外设围墙、城门、望楼、炮楼，结构严谨，多处设有炮眼、燕窝（斗拱）门楼，防范功能齐全，互通便利，给排水系统合理，是清代自给自足型山村代表性构造。

（二十六）吕宗华木工技艺

吕宗华，罗锦镇岭桥村下来山人，生于1944年。1964年跟随父亲学习木工，其技法细腻，擅长浮雕，代表作品有浮雕棺材、八仙棺、龙凤棺、双凤朝阳、双龙抢珠老式大床、樟木箱等。雕刻纹样有龙凤祥云、蝙蝠莲花、喜鹊登枝、金钱元宝。因其手工细腻，刀法精湛而独特，制作的樟木箱和浮雕棺材外销到东南亚等地。

（二十七）扁鼓制作技艺

流传于永福县堡里镇。南宋时永福民间已广泛使用扁鼓演奏音乐，主要用于傩戏、师公戏及民间法事。其鼓身为木质中空，两面蒙牛皮，由两根木质鼓棍敲击发声。制作多由乐师自行操作，讲究造型，鼓腔用皮上乘，以追求良好的声韵、共鸣、音质效果，是永福特色民间乐器。

罗汉果喜获丰收（朱一飞 摄）

（二十八）百寿包酿

"百寿包酿"是永福地方特色最显著的菜品。百寿包酿种类繁多，一年四季有不同的包酿。包有生包熟包之分，酿也有生酿熟酿之别。简便的包有：生菜包、蛋包、豆腐包；酿有：苦瓜酿、辣椒酿、茄子酿、豆腐酿、笋壳酿、菜叶酿、金瓜花酿、香菇酿、马蹄酿、佛果（汉果）酿、酿田螺、南瓜茎酿、水豆腐酿等；需烹调技艺精湛的有：酿大肉、金银套、水晶酿、五福鱼酿、金丝豆芽酿、胎泥秋酿、竹叶鸡、怀胎鸡、糯米酿小肚、肥肉酿猪肝、酿血肠等等。酿心选用土生土养的新鲜猪肉及野生鱼肉、土鸡肉、牛肉，视个人口味配以花菇、冬笋、木耳、马蹄、芋头、陈皮、香葱等剁碎调味拌馅，也可在馅儿中加拌糯米饭。其搭配合理，味香可口清淡，营养丰富。

美食评比（永福县福寿办供稿）

（二十九）葡萄酒酿制

"葡萄酒酿制"是永福县家制果酒的独特技法，每年8~9月间，将野生葡萄分粒拣选用水洗净、晾干，然后把葡萄粒放入广口瓶或缸子里，一层葡萄一层冰糖，依次铺好，直至满瓶，封好瓶塞。20多天即可产出原汁原味的葡萄酒，是永福民间传统制作的原生态绿色保健饮品，是永福福寿文化中的特色食品文化之一。

（三十）萝卜糕制作

萝卜糕是永福县回族的一种传统食品。正宗的回族萝卜糕是用大米、萝卜、肥牛肉、牛油、大蒜、白湖虾、马铃薯为原料，用适量食盐、食用油、香精为调料。制作方法：将大米浸泡2小时打成浆，原料切碎切丝配好，拌匀后盛入平底糕盘和蒸笼，蒸熟凉冷即食。萝卜糕滑嫩香软，别有风味。属永福最具代表性的特色食品之一。

（三十一）松糕制作

松糕是永福的一种小吃，也可在一般节日或喜庆吉日用作贺礼，取其"高升"之意，并在糕顶插入红色剪纸花，以示喜气。是永福最具代表性的特色食品之一。

（三十二）芋头糕制作

芋头糕是永福著名小吃，具有地方特色和特点，是生态绿色食品，是永福特色代表食品之一。

（三十三）黄栀子糍粑制作

黄栀子可作天然黄色色素，也是一味清热泻火的中药，在糍粑中加入黄栀子成分，既可增加美感，又可防热泻火，是永福人对食品健康追求的一大发明和表现，是永福饮食文化中的突出特点。

（三十四）瑶族度戒

"度戒"流传在永福瑶族地区，是瑶族男子成年（年满16周岁）时举行的一项仪式。仪式由族中一个或者几个师公主办。过程复杂，有念咒、跳神、上刀山、过火海、下油锅等程序。只有经过度戒的男孩才有成年人的权力，才能以父姓为姓，可以有资格恋爱、结婚，能博得公众的信任和尊重。因此，每当男孩长到15～16岁，都要依俗举行这种带有民间宗教色彩的仪式，经受"上刀山""过火炼""睡阴床""跳云台""念红犁头"等近十种危险的考验。如今度戒仪式有所简化，大致程序为：首先师公先念诫词，然后受戒者发誓（不杀人不放火、不偷盗抢掠、不奸女拐妇、不虐待父母、不陷害好人等），事毕将火掷进一个装了水的碗里，火立即熄灭。这里暗示受戒者如有不轨，其命运便如此火。举行仪式时，大部分时间在家进行，也有选择盘王节这天在公众场合举行的。度戒仪式具有鲜明的民族色彩，是古代的成年仪式的深化和留存，是永福民族民俗文化的重大结构之一。

（三十五）令公节

令公节始于明代中叶。明永乐十一年（1413年），福建莆田人郑曦到永福县任永福知县，其随从中有一莆田县（今属莆田市）林姓人氏，在郑曦任期满后，见罗锦金鸡河一带山清水秀、风景宜人，便决定在此定居，不返故土。但定居后，几代一直人丁不旺，家族不兴。众人便认为是背井离乡、主神不佑，于是回旧居迎请令公托塔天王李靖神像牌位到新居林村镇邪，并以每年农历十月二十一日为令公节。过令公节时，全族聚集祠堂，举行祭祀仪式，同时配以文灯演绎趣事、武灯舞龙狮、耍棍棒助兴。令公节中的文灯表演逐渐演变为彩调这一地方剧种，是彩调的温床，也是彩调的源头。

（三十六）福寿节

福寿节是永福特有的节日，是一个新的民俗文化节日，基础有二：一是由于永福人民崇尚寿文化和福文化，且本地有着十分丰富的福寿文化资源。就寿文化而言，本县百寿镇的百寿图就是一具体的文化载体，它把人们对生命长寿的追求，通过独特的文化方式表达出来；本地福文化则以永福县城凤山上的"福"字石刻为其象征，代表了永福人民有史以来的福运。二是永福人民历来有"敬老"的美德，并将农历九月九日重阳节称为"敬老节"。基于此，中共永福县委和永福县人民政府倡议并于公元2006年10月28日（农历九月初九重阳节）主办了中国桂林·永福县首届福寿节。自此，福寿节遂成本地举办的一个新的民俗文化节。

（三十七）李王出游

李王即李珙，字温之，永福县古河（今堡里）人。生于堡里乡陂角（板峡对面的东岭底）。

北宋徽宗宣和末年，金兵大举进犯，直指汴京，李珙亲率三千勇士北上勤王，在衡州（今衡阳）战死沙场。李珙千里勤王、英勇殉国的壮举传到家乡，乡人莫不钦敬，尊为抗金民族英雄。历代均将其作为乡贤崇祀。并在古河建起一座占地4亩多的李王庙，庙宇雄伟壮观，正殿设有李珙神像，神像前有供台，前来祭拜的人络绎不绝，因而香火不断。李珙由人晋神，民间又尊其为李王，并认为李王出游可保天下太平，风调雨顺，进而产生了场面博大、热闹非凡、蔚为壮观、组织严谨的纪念李珙的"李王出游"大型群众纪念活动。活动每三年举办一次，历时6天，线路为堡里、罗锦、界牌、永福县城、堡里一圈。是永福独具特色的崇祀先贤的民间民俗活动。

（三十八）过火炼

"过火炼"是由道公主持的民间法事，意为帮亡人清洗身体，免被污垢裹身、难成正果而为之。属我县特殊的民间习俗和民间信仰范畴，体现了民情民性中善良独特的一面。

（三十九）瑶医

永福的瑶族同胞从医者众多，他们分别来自永福镇、广福乡、堡里乡。他们从医知识都是由祖辈心口相传下来，多能诊治疑难杂症。所有的药物都是中草药物，技法都是传统技法。是永福民间特殊医术。

（四十）草药偏方

偏方为瑶医偏方，用于治疗肝炎、风湿、皮肤肿瘤、接骨、鼻癌、妇科疾病等，是民间独特诊疗方法，具有鲜明的民族特色。

（四十一）瑶族药浴

"瑶族药浴"流传于永福县瑶族聚居区，是瑶族人民独有的传统保健生活方式和医疗方法。用杉木制作高约 1 米，宽约 0.6 米，长约 0.7 米的大木桶，装盛用草药煮制的药水沐浴，俗称"黄桶药浴"。一次药浴所用的草药少的有二三十种，多则可达百种，药浴可根据不同季节、不同疾病选用不同的草药来配用，如有妇女产后洗浴，用大血藤、五指毛桃、九节风、穿破石等 36 种草药洗浴，可预防产妇和新生儿的感染等症，瑶胞俗称为"坐月浴"。还有治皮肤病、风湿病、儿科病、妇科病病症的，也有排毒美容保健类的和应节令制剂药浴的，具有生态、卫生、保健、防病治病等功效，蕴含丰富的民俗民族文化内涵，是福寿文化重要的核心内容之一。

（四十二）瑶族火疗

"瑶族火疗"（拔火罐）流存于永福县瑶族聚居区，是瑶医医技之一。以特制的竹筒罐为工具，利用燃烧、挤压、药擦等方法排除罐内空气，利用负压使竹罐吸于患处或穴位。所吸穴位出现充血或瘀血现象，从而产生治疗作用，瑶族火疗治疗疗法一般用于风热感冒、风湿、鬼刺风、腰背肌肉劳损、腰椎间盘突出症等症状。这种疗法可以逐寒祛湿、疏通经络、祛除瘀滞、行气活血、消肿止痛、拔毒泻热，具有调整人体的阴阳平衡、解除疲劳、增强体质的功能。

在永福县级非物质文化遗产名录中，其中 18 项进入桂林市级非物质文化遗产名录。7 项进入自治区级非物质文化遗产名录。

公布列为第一批永福县非物质文化遗产保护名录的是目前相对知名、仍有传承、资料整理及时且内容相对完善的。尚未公布列为县级保护名录的项目，有的只有信息资源，有的内容尚欠完善，极少部分目前尚未能追溯到传承体系及传承人，濒临失传。而就整个永福县非物质文化遗产生存状况来看，都存在生存环境不容乐观的现象。

通过对永福县的非物质文化遗产项目的梳理，可见其有着中华文化的共性，更独具永福地域文化的个性，其特色和价值也具有共性和个性。其基本特色是：源远流长、大小兼容、广博精深，多民族文化共存。以彩调为例，它既具中华戏剧的共性，又特别突出地方特色。其唱腔既有外省花鼓调、采茶调、小调，又以本地桂柳方言韵化的山歌、小调为音乐主元素，形成优美动听、易学易唱、受众广泛的曲目，其剧目天南地北、古往今来融汇于中；故事情节简单易懂，快乐幽默，寓意深远，是中华戏剧宝库中的"快乐剧种"，是中国民间文化花圃中一朵灿烂的山茶花。在其他项目中，回族、壮族、瑶族文化遗产占了相当的比例，如萝卜糕、瑶歌、瑶医及偏方、壮族阴笛曲牌等。

永福非物质文化遗产的另一特色，那就是以追求人生长寿、社会安宁为主线，并融入无处不在的福寿文化。幸福长寿是永福民众在历史长河中追求的人生理想。理念上突出"人生长寿、社会安宁"；行为上以人生"崇文济世、尚武救国"为目标；生活生产实践过程中讲究性格平和、饮食科学、生态环保、心情欢乐、老少和睦；崇尚"吃亏是福"。

福寿节上的彩调表演（永福县福寿办供稿）

永福非物质文化遗产的价值体现主要在以下几个方面：

1. 多层面的学术价值：永福地处桂北，是中原文化与岭南文化、汉文化与少数民族文化交融之地，有"中原文化中转站"之称。永福遗存的大量非物质文化遗产，其所蕴含的内容，深刻的内涵，对研究民族学、民俗学、民间文学、医学、生态环境、文学艺术等学科具有独特研究空间，对促进当今社会和谐有着积极的意义。

2. 独特的文化价值：永福非物质文化遗产是永福民众在生存史上产生的传统优秀思维和实践的智慧结晶，代表着这一方地域的文化追求和人生价值取向，是永福民众生存方式和生命形态的体现。而文学艺术类非物质文化遗产在寓教于乐、教育子孙后代爱国爱家等社会效益方面作用也是巨大的。

3. 蕴含着不可估量的经济价值：非物质文化遗产，在国外被称为"无形文化财"。潜在的，现今尚未体现和利用的占很大比例，有待今后开发和利用。另一种是实实在在可以为当今社会服务的，如罗汉果野生转人工栽培技艺、瑶医、瑶绣等，现在仍然在民间产生社会效益和经济效益。

连续12届永福福寿节的举办，永福县非物质文化遗产项目保护传承相得益彰：

永福彩调作为"快乐的剧种"，因其能丰富人们精神生活、提升百姓精气神，是长寿之乡长寿密码"水、气、乐、土"之"乐"，已成为永福一张亮丽的文化名片。在永福，因彩调有着广泛的受众和参与者，其保护传承已进入良性循环，特别是2018年县人民政府认定公布了10名县级彩调传承人后，彩调保护传承机制更加完善。因此，永福县于2014年、2018年及2021年三度获文化部（2018年组建文化和旅游部，不再保留文化部）授予"中国民间文化艺术（彩调）之乡"。

彩调表演（永福县福寿办供稿）　　看彩调的观众（永福县福寿办供稿）

"永福阴笛乐"是一种多用于祭祀场合的民间音乐演奏方式，因该演奏方式以阴笛为主奏乐器，演奏者多为壮族，故曾定名为"壮族阴笛"，后经各级专家论证，在确定其进入自治区非物质文化遗产名录时定名为"永福阴笛乐"，因表演"永福阴笛乐"演奏人员为五人，因此民间又称之为"五师父"，使用乐器为阴笛（又称曲笛）三支，扁鼓一面，阴鼓（瓷质）一面；演奏曲目原流传有72神乐曲及法事、喜丧曲目近200支，现仅能演奏百余支曲目，历史上曾用于傩戏表演时作伴奏音乐，现多用于祭祀活动和丧礼活动、民间法事，极少用于喜事。所用曲牌已形成固定模式和程式化，时有掺入道家音乐于其中。

由于"永福阴笛乐"在社会发展的进程中失掉了它依托生存的两块"高大上"的土壤——傩舞（调神）演艺和李王出游，仅剩下丧葬法事一项可供乐师们从事演奏的场所，再加上丧葬场合被大多数人认为不吉利、晦气，故而吹手属"下九流",愿学习传承的人极少,目前乐师不足10人,且年龄都是50岁以上,其气力有限,吹奏阴笛所发出的音韵已很难展示阴笛的独特魅力。自2010年"永福阴笛乐"被列为自治区级非物质文化遗产名录后,永福县文化部门前后曾多次鼓励性地抽调乐师们到市、县舞台展示阴笛乐中积极雄壮的曲目,使社会对"永福阴笛乐"的认知态度有了好转,而"永福阴笛乐"这一地域特征明显、保存原生态音乐元素丰富的民间音乐演奏形式,其使用的乐器、演奏的乐曲、演奏的场合均为研究地方民俗提供了不可多得的实物例证,是壮族蜂鼓文化最早模式,是历史的活化石,也因在举办福寿节过程中获登台展示、进入区级名录而提升了传承人的地位及学习者的信心。

其他门类的非遗项目瑶族医术、医药、瑶族民歌等也得到了弘扬和发展,瑶医的传承人在县城开店行医处也都自豪地亮明非遗传承人身份,瑶歌也时常在县城休闲地带队吟唱响。永福的非物质文化遗产中,以彩调、永福阴笛乐、过山音、长寿秘诀、美食、民情风俗等项目为代表,在福寿节中以及日常生活里,常态化展示了永福民众多姿的生活风采,构成了永福丰富多彩的殊异民风,呈现了永福特色的非物质文化遗产魅力,随着挖掘整理深度和广度的开展,也将会更好地丰富福寿节的内容。

二、彩调连台

永福县罗锦镇的林村、江月一带是彩调的发祥地,也是彩调的根基所在。今天的永福彩调,仍保存着较原生态的唱腔、演技传承,故2010年自治区文化厅将永福彩调列入自治区级非物质文化遗产代表作扩展名录。

永福彩调的萌发可追溯到明代。在明代中叶,永福县罗锦镇林村林氏家族从福建迁来林村后,将老家祭拜令公的习俗也带了过来,在举办祭礼仪式时,以武灯(舞狮、打棍等)和文灯(唱小曲、小调)助兴,后在文灯中添加采茶、山歌、小调等艺术形式,构成小曲花灯(即彩调)表演形式的雏形;至清代中叶,小曲花灯已成为有固定表演程式的民间小戏;清代同治、光绪年间,罗锦镇江月村人蒙廷璋对彩调进行艺术深化,首开多徒授艺、分色定角、编撰脚本、创腔录谱等弘扬发展小曲花灯(彩调)的举措,使彩调成为程式规范,唱腔动听、舞姿优美、语言诙谐、剧情通俗易懂、受众广泛的戏剧品牌。自此,林锦溪、林鸿菜、林官庆等一批批彩调艺人纷纷外出教馆授徒,传习彩调。中华人民共和国成立初期,柳州彩调团就是以永福县人汤义甫、莫景光、林秀发等人的彩调班子为基础成立的。20世纪60年代，彩调剧《刘三姐》风靡广西，其作者之一肖甘牛就是永福人；彩调电影《刘三姐》的主演黄婉秋也是永福人。彩调，是永福群众文化蓬勃发展的坚实基础。中华人民共和国成立以后，永福成立了文工团（彩调团），多年来一直以彩调为主要演出形式宣传党的方针政策。

看彩调的观众（永福县福寿办供稿）

　　自2006年举办首届福寿节起，永福县就将彩调大展演列为节日固定项目。彩调已成为永福亮丽的文化符号和文化名片。

　　多年来，永福彩调乘着党和国家非物质文化遗产保护方针、政策的东风，在传承弘扬永福福寿文化的福寿节这一具体平台的助力下，走出了一条"以政策法规为依托，以辅导传承为手段，以展演赛事促提升，以剧本创作为后盾，内存原生态外吸新技艺双取向为艺术发展目标"的永福彩调保护传承独特路径。

　　以大型活动为载体，是永福彩调保护传承弘扬发展的独特举措。其中，永福县"茅江之夏"彩调大赛是最重要的项目。每年6至7月举办的永福县"茅江之夏"彩调大赛原称为"茅江之夏"文艺大赛，始兴于1986年，当时是一项全县性的、开展综合艺术门类比赛的大型群众文化活动，每一届的"茅江之夏"文艺大赛活动，彩调演赛都占一定的比例。2001年，在城乡各项文化活动逐渐丰富的新形势下，为满足广大农村群众对精神产品追求的需要，满足优秀传统文化传承的需要，县人民政府同意将在每年夏季举办的大型群众文化活动"茅江之夏"从综艺型改版为全县农村彩调大赛，永福彩调的保护传承弘扬发展有了固定的、专门的活动载体和展示平台。

"茅江之夏"彩调大赛参赛队伍初为本县各乡镇村业余彩调队，并要求每乡镇仅有一支队伍代表乡镇，其余队伍为自由参赛队伍，后期允许外县（地）队伍参赛或外县（地）演员参与本县队伍参赛。在参赛剧目上，则要求每个参赛队伍表演一个本年度内新创作的现代小彩调剧，时长不超过20分钟，剧本可自编或到县文化馆选用本县创作人员新编的剧本；表演一个优秀经典传统剧或片段，时长在20分钟左右；表演一项彩调技巧（扇花、绢花、彩带、矮桩、唱腔、身段、舞蹈、基功组合等）展示，时长在5分钟左右，而为便于比较，每届为同一技巧。这样的比赛方式，其目的就是锤炼永福县众多的城乡业余彩调的表演能力和艺术水平，让他们既能表演现代彩调，又仍然能演绎传统剧目，而且演员又能提升个人演艺技巧和基本功，同时，也为各业余队伍提供了一个相互学习、交流的平台，更为广大彩调爱好者提供了一个实现自我、展示自我的舞台，极大地丰富了城乡广大人民群众的文化生活。"茅江之夏"彩调大赛多年坚持，赓续不断，是永福县三度荣获"中国民间文化艺术（彩调）之乡"的核心支撑，"茅江之夏"也是广西壮族自治区群众文化活动的"品牌群文活动"。

而"以剧本创作为后盾"的措施，更为永福彩调的传承弘扬作出了重大贡献。作为优秀民间艺术，彩调演出历来都是传统古装戏。中华人民共和国成立后，遵循"古为今用"的原则，永福彩调采取古今并用的原则，既排演传统优秀经典剧目和整理、改编、新编传统戏，又加大力度创作现代戏双措并举。多年来，永福一直有着保有20余名戏剧剧本创作人员的创作队伍，他们创作的彩调剧本以"保护、传承、弘扬"为原则，以"质朴、简约、快乐"为主线，作品以情感人，寓教于乐；每年创作的剧本供本县众多的业余彩调队伍选用参加县内或上级演出、赛事，演出后均能获得极大的反响和认可。如获2004年广西"八桂群星奖"文艺汇演演出一等奖的现代小彩调《婆媳之间》这个剧本，就是本土作者创作的经典小戏之一。其实一个经典小戏就是一个经典的小故事，这个小故事的内容不一定惊天动地，也不会烦琐复杂，但一定是生活中随处可见、情理之中的事，不过结局是意料之外，尽管是意料之外，仍在情理之中——符合公共道德水准的情理之中。婆媳关系是中国家庭第一难处理的关系，人们在处理这个关系上，其过程酸甜苦辣，其方法千奇百怪，结局喜悲参半。但老百姓从心眼里不希望婆媳关系妖魔化，他们希望的是家庭和睦、家庭成员和谐相处，生活幸福快乐。《婆媳之间》这个小彩调，就是总结归纳了民间妥善处理婆媳关系的方法，并将其凝成一个经典故事以昭示世人：解决矛盾是有好方法的，生活是可以更美好的。

《婆媳之间》的作者秦强自幼传习彩调，多年来创作了大量的彩调剧本，是自治区级非遗项目（彩调）传承人，也是永福剧本创作队伍领军人之一。

据不完全统计，永福剧本创作队伍所创作经排演的彩调剧目，至今已获国家级奖项 2 个，自治区级奖项 10 余个，市级奖项近 40 余个。其中 2012 年排演的大型现代彩调剧《凤山竹》是永福县彩调演艺实力和水平的一个新高度呈现（该剧参加第八届广西剧展获大戏类三等奖），而 2013 年排演的现代小彩调《追梦》则是永福县彩调演艺实力和水平升华的一个里程碑。

小彩调《追梦》原剧本创作于 2012 年，初名《追果》，作者陈运安，为 2012 年的永福县茅江之夏农村彩调大赛获奖作品，是一个弘扬社会主义核心价值观的小戏。《追果》作为冲刺由中国文联、中国戏剧家协会举办的第五届中国戏剧奖·小戏小品奖赛事参赛作品，由桂林市艺术研究所国家一级编剧唐建华执笔修改，定名为《追梦》。

继 20 世纪 80 年代在北京举行的全国农民文艺汇演中，永福彩调《豆腐郎》获三等奖后，永福彩调再次斩获国家级专业艺术奖项，一曲《追梦》，让永福彩调进入了国家戏剧界高层的视野，获得了京城戏剧专家们的关注。

永福县依托本地特色文化彩调打造中国民间文化艺术（彩调）之乡是经过多年努力所取得的成果。同时，福寿节为彩调展示搭建平台更是永福特色文化弘扬发展的独特举措。节庆期间必须有艺术呈现展示带动欢乐，要有连台好戏让广大群众过足戏瘾，反过来永福众多的城乡业余彩调队伍拥有大量的演出剧目和充足的演员资源。福寿节搭台，彩调献戏，群众满足，演员高兴，地方特色文化得到彰显，达到了社会效益和非遗（彩调）保护传承双赢的效果，这一永福特色文化弘扬发展的独特举措，将会使永福彩调这朵中国戏剧宝库中的山茶花，在永福特色文化弘扬发展的独特举措中绽放得更加璀璨多姿。

彩调演出（永福县福寿办供稿）

三、爱心无限

走向金婚晒幸福活动（永福县福寿办供稿）

永福县被誉为"福寿之乡"，位于广西壮族自治区东北部。永福县的土壤、气候、水利等环境因素优越，是宜人宜居的福地，自古以来，福文化在永福源远流长、底蕴深厚，其呈现缤纷多彩，其中，崇尚"攸好德"，认同"积善成德福泽长"是永福福文化的一个重要内容。在永福，与当地人接触、交流，共同生活，你会

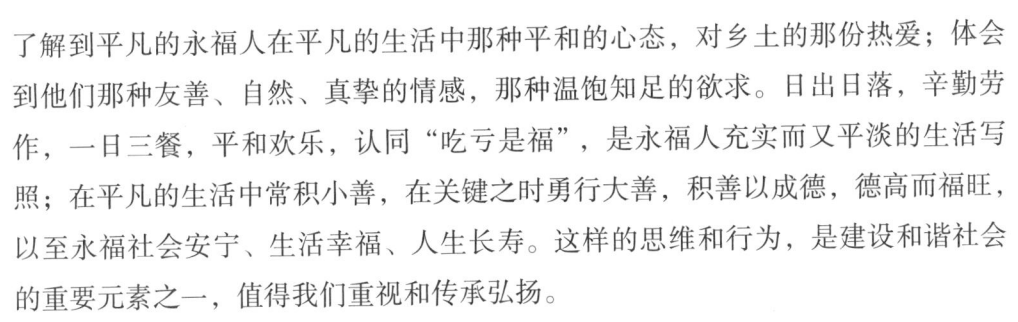

了解到平凡的永福人在平凡的生活中那种平和的心态，对乡土的那份热爱；体会到他们那种友善、自然、真挚的情感，那种温饱知足的欲求。日出日落，辛勤劳作，一日三餐，平和欢乐，认同"吃亏是福"，是永福人充实而又平淡的生活写照；在平凡的生活中常积小善，在关键之时勇行大善，积善以成德，德高而福旺，以至永福社会安宁、生活幸福、人生长寿。这样的思维和行为，是建设和谐社会的重要元素之一，值得我们重视和传承弘扬。

善，简言之就是好，行善，就是做好事。小善者扶贫助困、解人危急，大善者救人性命、保家卫国。行善的过程，也就是"攸好德"的过程。

所谓攸好德者，高层面上是指一个人成才的道路，指人的才学、品德、修为应达到的境界，理念上以"格物、致知、正心、诚意、修身、齐家、治国、平天下"励志，行动上奋勇争先夺第一（争做人中龙凤），在结果呈现上达到"文能安邦，武能救国"的人生目标。在中国古代漫长的封建社会中，成才的最高标准就是能够高中状元。"十年寒窗无人问，一举成名天下知"。状元有文状元、武状元，能文能武、文武双全是学子们的终极追求。历史上，永福县这片土地上产生了4个状元：一是北宋初期的拐脚奇才、宋史中称"与吕蒙正二美并立于朝"的文状元王世则；二是北宋末年抗金孤军勇赴国难，被老百姓敬为民族英雄的武状元李珙；三是清道光十四年（1834年）状元龙启瑞；四是清光绪十五年（1889年）状元张建勋。清道光八年版《永福县志》载："古云，地灵人杰，而祥以时臻。有宋兴国八年，邑士王世则以状元及第，勋名炳著。厥后，李珙就武举，亦以状元及第，官至忠州防御使，功业炫然。二公文经武纬，蜚声往代。"明文史大家包裕《王状元祠堂记》中记载："太平兴国八年，乡荐之礼部，试大廷时，得二百三十九人，公卓然魁天下。太宗时幸金鱼池，乃宴公等于琼林苑，自公始。后以政最，进居谏坛。时，太宗有事交趾，擢右正言，使往觇其国。公至，馈赠拒弗受，远人怀畏。乃还，条陈事迹及山川形势上之，太宗嘉其忠清，与苏易简辈进史馆，恩礼优渥。"而龙启瑞则有"皇帝股肱"美誉，张建勋亦有"民以食为天"状元之称。

据现存资料的不完全统计，永福这个偏远的南方小县，历史上曾出了4名状元，1个榜眼，47位进士，312位举人。在永福县所辖的10个乡镇中，有9个乡镇历史上出过进士。以修身、齐家、治国、平天下的理念和行为实践善，"攸好德"在永福历史上有良好的展示。

《国语·晋语六》载："有夫德者，福之基也"。而德从何来？则从行善所得。故古人云："人为善，福虽未至，祸已远离；人为恶，祸虽未至，福已远离。"永福民间层面的"攸好德"，是从小事做起，从身边事做起，行善积德以求福至。

思想是行动的指南，语言是思想和行动的呈现，谚语则是思想和行动的经验总结，是一种极具地方文化特色的语言习俗。永福谚语全面、深刻地反映了本地鲜明的地域特色文化，承载了永福民众的思想成果和民间相延的遗训，反映了鲜明的社会风俗和悠久的地方文化，展现了永福深厚的历史福文化传统和复杂的历史进程，反映了本地民众谦虚、善良、厚道的性格特征，也折射出民众对事物宽容、平和、淡定的心态，永福民间的善德，最直观地体现在了本地谚语中。

他们认为知足常乐，平安是福。想要做好事情，"老姜辣味大，老人经验多""凡事要好，须问三老"；待人则是"火要空心，人要忠心"；"说话不算话，见你鬼都怕"，把守信用看得很重；遇事退后一步海阔天空，"让人三分不为输"；不能对晚辈乱发脾气，"有理打得三代祖，无理骂不得孙媳妇"；对待老人要孝敬有礼，"天高不挡太阳，儿大不压爹娘""家有一老，胜过一宝"；把运势看得很透，如果退财即可消灾，何乐而不为，"风吹鸭蛋壳，退财人安乐"；只要人平平安安就好，幸福就是简简单单。帮人则要及时，"宁可雪中送炭，莫要火上浇油"；对于吃亏，则认同"吃亏是福"等等，其核心是善。其中认同"吃亏是福"可以认为是福祸辨正思想的具体化和进一步深化，更新了以往人们对福的定义和认知，拓展了福的内涵和外延，把人们对福的追求提升到一个新的更高的境界，它既可以作为看待利益损失的心灵安慰，又可以作为修身养性的理念原则，还可以作为润滑人际关系、缓解人际矛盾的价值导向，在调节身心健康、形成良好道德风尚等方面，都具有积极意义。

在行为上，永福民间崇尚平常之日多积小善，关键之时勇于行大善，邻里和睦、扶贫助困、尊老爱幼、见义勇为之事屡见不鲜。

永福县从2006年起至今，在每年的九九重阳之际都举办以尊老敬老为核心内容的养生旅游福寿节，节庆中重要项目有评选表彰十大寿星、十大健康百岁老人、十大孝星、十佳和睦家庭等等，行善好事层出不穷。

在永福，儿女照料父母的心意不受家境的影响，无论是否宽裕，总在父母生病时舍得花钱为其医治；无论是否忙碌，总在父母需要时陪在他们身边；无论照顾老人有多么烦琐，他们也毫无怨言。

永福自古至今就有孝敬的美德。《永宁州志》所载的孝子很多：吕滨，嘉靖年间的贡生，伺候父亲特别谨慎周到，一举一动都听从父亲的命令。父亲得病卧床，他衣不解带地陪寝，为了对父亲尽亲近侍孝，他坚决辞官归隐，在他的精心照料下，父亲90多岁终老。张榜，幼小时丧父家贫，母亲双目失明，他亲自扶母亲出入。遇上蛮人变乱，他带着母亲避乱。每次出去遇到宴席，必然怀揣着肉带回家给母亲吃。无论清早夜晚，他都毫无厌烦地照顾母亲的感受，让母亲感到舒适，到老都没有倦怠。韦向治，安和里监生，五岁丧父，他伺候母亲从不懈怠。后母亲病亡，每到生祭日都会祭奠，每祭必哭，拜墓也如此，周围子侄都感动落泪。冯文展，道光年间登乡荐，父丧时他哀泣异常，奉养三位母亲克尽子道，母氏各有违言，他以诚挚感动她们。后他被分往直隶任职，他以母亲年高难以同去、不忍远离膝下拒绝。待三母去世他才赴任直隶。孝悌的美德在永福县延绵至今，被当作当今孝敬父母的楷模，而传送在民众的口碑中。

行大善之事历来有之，最近的典型事例是2019年3月晚在县城茅江河畔，一对北方的年轻夫妻在河边散步时，女士不慎滑落江中，其丈夫下河施救因水性不佳也一同被淹，在这危急关头，路过的永福堡里镇小伙子秦文勇奋不顾身下河救援，在岸边群众助力之下先救上了女士，当他再游向河中去救助男士时，因体力不支，献出了宝贵的生命。而另一位施救者刘绍虎在协助救上女士后，选择了默默离开，几经多方动员才表明身份，并一直认为这个事情不值得谈起。舍己救人，善莫大焉，正可谓爱心无限。

中国文化传统以为，兄弟姐妹，从小父母左提右挈，衣食起居形影不离，到壮年时虽各自成家立业，但笃厚之情不减，兄弟应如手足。永福县子女多的家庭在儿女成年后另组家庭，在继承财产时他们不计较得失，遇到困难时他们团结互助、互相体谅，甚至个人作出牺牲以成全兄弟、姐妹的利益，很好地体现了中国传统文化的美德。兄弟手足、姐妹情深的故事在今天的永福仍然比比皆是。

我国自古就有"糟糠之妻不下堂""举案齐眉，相敬如宾"的美谈。夫妻关系是整个家庭关系的枢纽，上至影响着对父母的侍奉，下至影响着对子女的教育和成长，左右至影响夫妻各自发展前途。在永福，和谐夫妻比比皆是。现在永福县的一对对伉俪们不仅在生活上互相关照，事业上也互相支持。梁秀英是堡里乡拉木村同乐屯村民。1980年梁秀英与于明生结婚，生育两子后有亲友劝其再生育一女儿，夫妻俩支持计划生育政策，执行生育两个孩子不超生，梁秀英做了节育手术。因常夜里带小孩到乡卫生院治病，加上临近几个自然屯千人无村医，梁秀英萌生当医生的念头。在丈夫于明生的支持下，梁秀英劳作之余开始攻读医学函授教材，1994年自费到县卫校学习了一年，经考试达到中专文化水平，取得了行医执照，当起了村医。村民秦七四患怪病两年多，负债近万元的他只得住在家里，1996年的一个冬夜，拉路屯村民秦七四犯病，其家属抱着试试看的态度敲响梁秀英的大门。梁秀英在丈夫的陪伴下，冒着凛冽寒风走了3华里田埂路，上门为秦七四就诊。因有丈夫陪伴，病人家属就不需要送梁秀英赶夜路回家。此后，梁秀英总在丈夫陪伴下，夜里往返为秦七四治病，做到有求必应，不管有钱无钱。梁秀英所在村村民于水明，近几年因供养三个小孩读书，生活困难。时值梁秀英大儿子正念大学，每年读书花费上万元，且家庭借有外债，看到于水明常为农田生产买不起化肥时，梁秀英和丈夫就多借些钱，帮助于水明解决化肥农药困难。2001年，村委换届选举，梁秀英丈夫于明生被选为村委副主任，家里很多事顾及不上，梁秀英包揽了家事，并把走村串寨行医时听到的群众呼声反映给丈夫听，常建议村委会领导多为村民办实事，为村民解决困难。

"一房好媳妇，三代好儿孙"。婆媳姑嫂关系自古至今都是家庭关系中敏感的话题，对整个家庭上下是否和睦起着至关重要的作用。永福县长寿老人多，四世、五世同堂家庭不少，其中一个重要因素就是姑嫂婆媳关系处理得当。

今天在民众中传颂的美德故事有很多。覃燕荣是永福县三皇乡三皇村十二队村民，被当地人称为"好主妇"。对待公婆如对待自己父母，从未与婆婆彭志兰发生争执，跟婆婆抢着做家务。1979年丈夫罗善福的哥哥罗善荣在越南战场牺牲，老年夫妇为中年丧子痛哭不已，婆婆因此卧床不起，一病数日。覃燕荣除料理家务、干好农活外，闲暇陪伴婆婆身边，给她洗脸、倒茶、端汤，经常讲述令婆婆开心的事，在其照料下，婆婆身体逐渐恢复健康。1985年，婆婆得重病住院，覃燕荣日夜陪护照料，使得婆婆早日康复出院。

中华人民共和国成立以来，永福县经济得到发展，人们生活水平进一步提高，物质条件得到很大改善；同时社会加强精神文明建设，家庭上下关系和谐，全县四（五）世同堂家庭增多，如百寿镇黄菊英老人，一家上下15口人，四代同堂，儿女子孙孝顺，遇事互相谦让，大家庭里从未发生过口角。老人常在两个儿子家交替着住，时间长短自定，媳妇孙媳妇买菜前，常问老人想吃些什么菜。在外学习或打工的孙女们经常打电话回来问候老人，逢年过节或放假回家时，总不忘给老人带点外面的新鲜东西，还陪老人聊天，讲她们在生活中的趣事给老人听，常把老人逗得哈哈大笑。

永福县长寿老人多，几代同堂的家庭多，上下关系相处协调难。很多长寿老人生活跨越大半个世纪，社会发生翻天覆地的变化，过去历经苦难的老人在现代得到良好的照顾，安享晚年，得益于传统的家庭养老风尚。

政府部门还将尊老敬老的美德通过一系列活动推广全国。2006年10月28日，广西永福县举办首届"福寿节"，在福寿节上，1199名70岁以上的老人被永福县邀请参加"盛世金秋千叟宴"。老人们围坐在八仙桌旁，组成一个蔚为壮观的"寿"字，并共进晚宴，宴会上洋溢着一片和谐与幸福。

举办敬老活动，每年重阳节由老年协会主办丰富多彩的节目，走访、慰问高龄老人并予以财力、物力支持；社会上一些有爱心的、热心公益事业的人也对老年人的生活给予关注。

十大寿星（张桂发　摄）

为使家庭和谐和尊老敬老的善德良俗成为人们的共识，自2006年首届永福国际养生福寿节始，每届都在全县评选十大和谐家庭和十大孝星，并由县福寿节组委会予以表彰。

至2020年，永福国际养生旅游福寿节已举办了12届，已表彰了十大和谐家庭120户，十大孝星120人。和谐融洽的家庭氛围与尊老敬老之社会风气是永福国际养生旅游福寿节举办成功的重要支撑，而继承、弘扬中华传统美德更是永福国际养生旅游福寿节营造爱心无限的和谐社会的重要举措。

第四章 持续发展 打造品牌

在第二届养生旅游福寿节上的项目签约仪式（张日斌 摄）

一、深入拓展

2006年10月30日晚，在欢快的歌舞声中、在火树银花的星空下、在观众如织的涌动中，为期三天的"2006年首届中国桂林·永福福寿节"缓缓落下了帷幕，福寿节精彩的活动给永福人民留下了美好的回忆。

首届福寿节活动的重头戏是福寿节开幕式暨"盛世金秋千叟宴"，场面恢宏温馨，老人们脸上无不洋溢着幸福和快乐。"盛世金秋千叟宴"既体现了永福人民敬老爱老的传统美德，又充分展示了福寿文化的魅力，国内多家主流媒体纷纷报道并被上海大世界基尼斯核准为大世界基尼斯之最。

永福县"十大健康长寿之星""十大孝星"评选活动，也是本届福寿节活动的特色和亮点。节庆活动开幕之前，组委会专门派出两个拍摄组，深入百岁老寿星家中，对他们的生活习惯、饮食起居、个人爱好、心理状况、家庭情况等进行声像采集，共采集了20多位百岁老人大量的音像、文字资料。

同时，组委会还认真策划了"福寿文化论坛"和"福禄寿民俗文化知名作家创作笔会"。永福籍著名作家黄继树倡导并亲自参与策划，北京、黑龙江、广西南宁等地近20名著名作家来到永福采风、探源，采写了大量的美文，发表在国内重要报刊（刊物），对宣传永福和永福"福寿文化"传播，起到积极的推动作用。

福寿节还有彩调剧会演、农民才艺大赛、书画大赛优秀作品展等丰富多彩的文化、文艺大餐，充分彰显永福文化厚重的底蕴和魅力，使得福寿节活动异彩纷呈，看点层出不穷，让人耳目一新。

"文化搭台，经济唱戏"是当时办节的一股清流，项目推介会共吸引了190余家客商云集永福，并成功签约25项，投资总额达5.9亿元，比起以往外出招商而言，此次成本大幅降低。

福寿节闭幕之日，是我国传统佳节"九九重阳节"，永福人敬老爱老的优良传统在这里得到了完美的阐释。

首届福寿节的成功举办，取得了丰硕成果，为永福人民留下了宝贵的精神财富和发展动力，也激荡了全县人民办节的热情。

在借鉴首届福寿节成功经验的基础上，永福县以弘扬福寿文化、传播科学养生为理念，以保护挖掘文化遗产精品为依托，以营造和谐永福为主旋律，以打造中国养生产业示范基地和招商引资为目的，与世界养生大会合作，共同举办"世界养生大会永福国际养生节暨第二届桂林永福福寿节"（简称"养生福寿节"）。

第二届"养生福寿节"以"绿色、养生、福寿、和谐"为活动主题。

第二届福寿节活动口号（永福县福寿办供稿）

保留着首届福寿节如下活动项目：开幕式、闭幕式文艺晚会，慰问长寿老人，寿星、孝星、和谐家庭评选，祈福仪式，彩调大赛（会演），老年文体系列活动。这些具有永福独特文化魅力的活动，成为之后每一届福寿节的固定节庆活动。

第二届"养生福寿节"的招商引资洽谈会，借鉴了上届的成功经验，取得巨大成功，共有来自香港、广东、福建、浙江及广西南宁、柳州等地客商170多名参加，共签约项目20个，真正体现了文化搭台、经济唱戏的办节精髓。

挖掘整理永福深厚的福寿文化，出版了《永福福寿文化志》等永福福寿文化丛书，为永福留下了宝贵的精神财富。组织国内知名作家进行文学采风和创造笔会，有关永福的美文让人百读不厌，激起永福人爱家乡，外地人爱永福的热潮。

连续成功举办了两届福寿节，永福已成功打造较具影响的"福寿之乡""中国长寿之乡""养生产业示范基地"等品牌，为建设文化名县打下了良好基础。2008年第三届永福养生福寿节立足于挖掘文化层次更深、开放意识更强、活动内容更精、群众参与性更广、文化品位更高、对外交流更宽的办节思路，以"福寿、和谐、生态、品牌"为主题，采用了"政府主导、融入市场、全民参与、整体提升"的办节模式。此次盛会，不仅增强了区域交流与合作，更搭建起招商引资新平台，充分展现了福寿之乡的神奇魅力，彰显了永福的发展活力。它既紧扣时代脉络，又充分彰显民族性和国际性。进一步提升永福在国内外的知名度和影响力，将福寿节推向了更高层次。

永福县首次与央视CCTV-7《乡约》栏目组合作，共同举办了第三届福寿节开幕式"我们的田野——走进长寿之乡永福"大型文艺演出，节目丰富多彩，国内众多明星登台献艺，特别是永福当地彩调剧《拜寿》和歌舞《永福风土》，展示了魅力独具的永福文化，为观众送上精彩的文艺大餐，赢得了热烈的掌声。

第四章 持续发展 打造品牌

第三届福寿节开幕式现场（黄泽治 摄）

第三届福寿节以传承和弘扬福寿文化为主线，成立了福寿文化丛书编写小组，对福寿文化和乡风民俗起源、发展和形成过程进行深入发掘和研究，收集各方面文献资料，经整理编撰，出版了《福寿之乡》《永福石刻》《江行图》《永福前贤诗词集》等永福福寿文化系列丛书，让更多的人了解永福丰厚的历史文化。

健康与长寿是福寿节的永久主题。第三届福寿节，国内许多长寿养生专家纷纷前来考察研究和讲学，还引来了大量的国外友人。2008年9月20日至22日，中国老年学学会在永福县举办了全国长寿与发展高峰论坛，来自全国各地的300多名专家、学者齐聚一堂，围绕"长寿与发展""长寿与生活方式""长寿与文化"等主题开坛论道，大会还编辑出版了《长寿理论与实践》论文选集。

福寿节期间，永福还隆重推出了"永福十美""永福十泉""永福十宝"，形成永福特色的文化品牌，更加便于世人了解和分享永福之美，促进永福各项产业发展。

福寿节固定活动"祈福祝寿"，颇受市民青睐。本届凤山祈福活动吸引了来自俄罗斯、加拿大、英国、美国、澳大利亚等国的50多位国外友人参加，意义非同一般。"祈福""祝寿"活动，为天下老人、为中华民族、为世界人民祈福，祝愿全天下人民健康、吉祥、幸福、长寿。

中国（桂林·永福）长寿养生品展示交易洽谈会和招商引资项目推介会，都取得巨大的成功。

福寿节期间项目开工仪式（永福县福寿办供稿）

　　从 2009 年第四届开始，永福福寿节定名为"中国桂林永福养生旅游福寿节"，第四届福寿节以"绿色养生、旅游、福寿"为主题，秉承着"传承、拓展、提升、创新"的理念，打造"文化名县"，在更高层次和更宽领域深入挖掘和开发福寿文化，做大福寿文化经济；同时，以"经济强县"为目标，积极搭建旅游和招商引资的新平台，进一步增进外界对永福的了解，提升永福在海内外的知名度和影响力，彰显永福的发展活力，推进和谐社会建设。第五届福寿节更是为进一步加强旅游建设，实现"经济强县、文化名县、生态和环境一流县"的宏伟目标，以"旅居、运动、养生、福寿"为活动主题，探讨了养生文化资源与旅游业的互动发展模式，并积极推动福寿文化与养生旅游的融合，探索在"桂林国家旅游综合改革试验区"框架内，将永福打造成为"养生旅游示范区"的文化品牌。

　　这两届福寿节紧紧围绕活动主题，除了进一步挖掘福寿文化，开展"休闲旅游、科学养生、福寿文化"理论研讨会和第二次永福长寿科学考察外，侧重开展积极向上、健康养生、休闲娱乐、万民同乐的多种多样的活动，让参与者都融入活动之中，感受节日的喜庆，深切感受"我参与、我运动、我健康、我快乐"的生活态度，并充分展示了永福县人民顽强拼搏、积极向上的精神形象。

　　与蔡洪光先生合作，对永福县百岁老人进行逐个调查研究，由北京大学出版社出版了又一本永福福寿文化丛书《百岁秘诀》，此书具有极高人文和经络医术价值。此外还出版了《永福长寿饮食研究》《走进寿乡——永福篇》两本福寿文化丛书，绘制出版了《桂林特色旅游纪念——永福篇》旅游地图，精心策划拍摄了《永福之歌》MTV、永福形象宣传片，这都是永福十分宝贵的精神财富。

自行车赛自第四届开始至第十届，共举办了六届。

自行车赛场一角（张桂发 摄）

永福是中国非物质文化遗产广西彩调的发祥地，有着广泛的群众基础。

自2006年举办首届福寿节以来，彩调会演或者彩调大赛都是每一届福寿节的重头戏。2012年，"第三届广西彩调艺术节暨第七届永福养生旅游福寿节"在永福县正式拉开帷幕，彩调迷们无不兴奋异常。

此次彩调节云集了全区各路彩调艺术精英，来自全区5个市的近1000名演员参与演出20个专业戏、28个业余戏。参加展演的有大型现代彩调剧《凉水井》《哎呀，我的小冤家》，传统戏《龙女与汉鹏》等。

此后，两年一届的广西彩调艺术节永久落户永福，大大提升了永福养生旅游福寿节的档次、品位、知名度和影响力。

2014年第四届广西彩调艺术节暨永福第九届养生旅游福寿节成功举办，彩调艺术让永福人民大饱眼福。无论是彩调艺术巡游、专业组彩调小戏大赛、业余组彩调小戏大赛、彩调"三小"角色技巧个人表演大赛、"我爱唱彩调"少儿彩调专场比赛，还是"彩调传承与创新"主题论坛，在彩调发祥地对彩调的弘扬和传承，都具有十分重要的现实意义。

2013年之后，永福县认真贯彻落实中央八项规定精神，每一届永福养生旅游福寿节都坚持贴近实际、贴近生活、贴近群众的原则，坚持"节俭、务实、高效",突出群众参与性,举全县之力把永福建成"新型工业重镇、现代农业强县、福寿养生家园",进一步增强文化自信,致力于从弘扬优秀传统文化中寻找精气神。

第八届永福养生旅游福寿节,针对永福县生态环境好、养生资源丰富、交通便利、文化底蕴深厚等优势,尤其是独一无二的罗汉果产业优势,引入首届广西保健养生论坛、首届罗汉果产业发展高峰论坛、永福县养生健康产业投资环境推介会等活动,将福寿节同健康养生产业的发展相结合,努力打造永福经济发展新引擎。

徒步是一项既健康又环保的户外运动,既能加强锻炼、娱乐身心,又能观赏美景、陶冶情操,永福的山山水水恰恰具备了得天独厚的条件。几年来永福的徒步群活动异常活跃,对宣传永福美丽的山水风光作出了积极的贡献。第八届福寿节组织千人徒步活动,反响强烈。除了本地的徒步爱好者积极参与外,南宁、柳州甚至广东的爱好者也十分踊跃,连续几届福寿节徒步活动都十分火热,反响很好。

龙狮共舞(永福县福寿办供稿)

二、亮点纷呈

活力永福（陶涛 摄）

永福县自2006年成功举办首届福寿节以来，至2020年已经连续举办了12届，2006年至2013年每年一届，2014年至2020年每两年一届。尽管每届节庆活动全称有所变化，但始终称"福寿节"，始终注重节目的传承和创新，效果显著、亮点纷呈。

盛世金秋千叟宴。首届福寿节节目内容丰富，突出永福地方特色，充分展示福寿文化魅力，好看、好玩、有教育意义，促进经济社会发展。最大的亮点无疑是"盛世金秋千叟宴"。慰问长寿老人，寿星、孝星、和谐家庭评选，祈福仪式，彩调大赛（会演），老年文体系列活动等等，是福寿节的"根"，也是之后每一届福寿节的固定节目。

永福自古长寿乡。第二届福寿节前，永福县获得中国老年学学会授予的国内首批"中国长寿之乡"和世界养生大会组委会授予的"养生产业示范基地"这两个内涵极其丰富、价值十分珍贵的称号。这是第二届"养生福寿节"成功的点睛之笔，也是本届养生福寿节最耀眼、最精彩的亮点。

"与奥运同行万人福寿操"表演。2007年10月19日，在天凤广场举行了1.5万人同时参加的"与奥运同行万人福寿操"表演，其中825名老年习操者在广场中心排成一个大红"福"字，共同祈福2008年北京奥运会成功举办，以万民同乐齐做养生保健福寿操的方式庆祝中国传统节日重阳节。活动气势恢宏，寓意深远，既包含传统韵律，又富有时代意义，是本届福寿节的一大神来之笔。

万人同做福寿操（莫文军 摄）

　　研讨会。创造艺术治疗国际研讨会也是第二届养生福寿节国际性、开放性的标志之一，20余位专家学者，以讲座、体验课、讨论、演出等形式展开研讨。共同探索运用艺术解决人类意识、行为等问题和如何构筑和谐健康长寿人生的途径。

　　此届福寿节还举办了"罗汉果、彩调与长寿"专题研讨会、长寿之乡探秘研究会（葛洪与百寿、慧能与永安），大大提升了永福福寿节的文化内涵和品位，提高了福寿节的知名度和影响力。

　　规模宏大。第三届福寿节活动筹备充分、部署周密、内容丰富，是十二届福寿节中规模最宏大的一届。节庆期间，永福县喜气洋洋，县城处处张灯结彩，街道上人声鼎沸，晚上华灯齐放、火树银花，无处不洋溢着浓烈的节庆气氛。国内外各界人士和游客纷至沓来，应接不暇。除组委会邀请的各级领导、专家、企业代表、客商、媒体记者等嘉宾500多人外，还有来自加拿大、英国、美国、澳大利亚的国际友谊俱乐部考察团35人，来自俄罗斯的长寿养生旅游考察团31人，来自广东的自驾车考察团50人，以及大批慕名自发而来的外地游客。一时间，永福人气骤旺，热闹非凡。真可谓"永福城内，群贤毕至，凤巢山下，胜友云集"，展现了永福历史上空前的繁华景象。

妆艺万人狂欢大巡游。活动由4个方队组成，队伍长达2公里，巡游时间跨度2小时，巡游行程2.5公里，队伍及现场观众2万多人，声势浩大、盛况空前，掀起节庆的新高潮。展现了福寿之乡人民在中国共产党的领导下开拓进取、奋发图强、勤劳致富的乐观精神和社会和谐、经济发展、全民安居乐业的一派美好景象。

千人变脸活动。永福县许多民间艺人掌握了变脸绝活，部分市民也非常热衷，在全县推广变脸技法，举办千人变脸活动，在开幕式上站成"寿"字形进行的正式表演，气势恢宏，技法惊艳，为永福的福寿文化添上了浓墨重彩的一笔，上海大世界基尼斯总部在福寿节开幕式现场颁布了"规模最大的千人变脸活动"基尼斯纪录证书。"含同字异体最多的古代摩崖石刻百寿图"一同获得了上海大世界基尼斯纪录。这也是第三届福寿节的又一亮点。

第四届、第五届福寿节得到了自治区旅游局和桂林市人民政府的大力支持，力求通过福寿节搭建旅游平台，探索在"桂林国家旅游综合改革试验区"框架内，将永福打造成为"养生旅游示范区"的文化品牌，定名"桂林永福养生旅游福寿节"，这两届福寿节亮点多多。

自行车赛。第四届福寿节首次举办精彩激烈的自行车公路赛，吸引了来自新疆、湖南、湖北、云南、四川、贵州、陕西、福建、广东及广西南宁、柳州、桂林、来宾等地的200多名赛手参加，从县城出发，沿永福百里画廊——西江河畔永兴公路一路而上，至龙江兴隆往返56千米，沿岸秀丽的自然风光，良好的清新空气，优美的骑行环境，让运动员们流连忘返。第五届福寿节自行车赛"骑行福寿山水——全国山地自行车公路赛"，来自湖南、湖北、云南、陕西、贵州、广东以及广西南宁、柳州、来宾、桂林等多地的200多名赛手，实力更强，经验更足，激情更高。本次比赛，分男子组和女子组两个组别，赛程设计也是从县城出发，沿永兴公路至龙江兴隆往返56千米。有了上一届自行车赛的举办经验，本届比赛更加精彩、激烈，比赛的秩序也有了明显提升，观赏性更强。而后，福寿节共举办了六届山地自行车赛，自行车赛事推进了永福自行车骑行运动的开展，对外宣传和推介了永福，为永福县打造长寿养生旅游品牌打下了良好基础。

水上艺术表演。永福秀丽的西江与精彩绝伦的水上艺术表演相得益彰，为第四届福寿节增添了一道亮丽的风景。湖南省浏阳市英美滑水队俱乐部拥有众多亚洲级的滑水明星和全国冠军选手，首次在县一级的舞台上展示，运动员表演的"美丽的水上芭蕾、特技水上摩托、赤脚滑水和水上金字塔"等惊险刺激而优美的水上运动深深地吸引了上万观众的关注，让观众大饱眼福。

民间民俗奇技表演。第四届福寿节来自桂林、金秀、永福三地的民间人士表演了传统舞龙、竹竿提米、倒立画唱、上刀山、过火海、吞筷条、踩犁头和少数民族舞蹈等民间绝技。险象环生、扣人心弦的奇异技能展示让现场观众大开眼界、拍案叫绝；娱乐性、观赏性、趣味性的表演更让观众心情愉悦，充分展示了福寿文化、民俗文化的神奇魅力。

山地徒步。作为一种新兴的健身运动方式，山地徒步正在全球悄然兴起。永福福寿节将中国的传统养生之道与世界的养生之法结合起来，激发全民健身热潮，促进国民旅游休闲计划实施，让永福的魅力更添一分国际化的光彩。第五届桂林永福养生旅游福寿节国际徒步福寿山水大会，邀请到国家体育总局、CVA（国际市民体育联盟中国总部）以及中国登山协会有关领导参加，另加各地"驴友"共计约300人，其中包括塞尔维亚、马尔代夫、黎巴嫩等国家的驻华大使。本次大会共分福禄、西登山、凤山三条线路。新华社、央视CCTV-5《体育人间》栏目、桂林电视台公共频道、新浪网旅游频道、中国徒步网、中国户外资料网、广西新闻网、桂林导游协会网、桂林户外网等媒体记者跟踪报道。徒步大会上，CVA（国际市民体育联盟中国总部）为"福禄线"等三条线路作了"永久性徒步线路认证"，极大地推动了永福旅游，特别是户外活动的开展。

微电影。由香港有线电视台执导和拍摄的微电影《故乡的重阳树》，在第七届养生旅游福寿节开幕式上举行开机仪式，这部近年来十分流行的30分钟微电影，首次融入了广西彩调文化。

"永福的福寿文化以及彩调文化深深吸引了我们，我们将尽最大努力把这些独特的地方文化元素融入影片中，把一部独具中国长寿之乡和广西彩调发源地魅力与特色的影片展示在世人面前。"微电影《故乡的重阳树》开机仪式上，香港有线电视《直通世界》栏目制片人杨鸣激动地说。《故乡的重阳树》讲述的是两位百岁老人在重阳树下相知相爱并在失散68年后再相聚的爱情故事。影片以永福凤山石刻、百寿岩、重阳树、十里花河、金钟山景区为主要拍摄场景，永福特色的丹砂井、罗汉果、海菜花、彩调等也巧妙地穿插于故事情节中。

2013年，全县上下深入贯彻落实党的十八大精神和中央八项规定，第八届福寿节虽然形式简约，但却务实高效，不乏亮点。

首届广西保健养生论坛。来自区内外旅游、保健养生、医疗领域的专家学者齐聚永福，为广西保健养生产业的发展献计献策。永福县在发展健康养生产业方面具有极佳的资源优势、区位优势，有丰富的养生产品资源，尤其是有一大批富硒特色农产品和珍贵中草药材，论坛成果对永福县保健养生产业链的形成和发展起到了极大的推动作用。

罗汉果产业发展高峰论坛。论坛上聚集了涉及罗汉果培育、加工、药理研究等各领域的专家学者，围绕着罗汉果育种与种植的技术创新、罗汉果药理研究、罗汉果甜甙提取及罗汉果市场前景等方面展开研究讨论，为推动永福罗汉果产业健康提速发展壮大发表各自的真知灼见。罗汉果产业迎来了春天。

第八届福寿节期间，罗汉果产品及优质养生产品展销，吸引了各方客商，深受广大消费者青睐。展区分为当地特色产品展区、全国各地保健养生产品展区和东南亚国家产品展区三大块，各展区商品琳琅满目，最受欢迎的是罗汉果产品、永福香米、福寿养生茶等永福特色产品。

第九届福寿节之后，福寿节每两年举办一届。固定节目已非常成熟，创新节目依然不断带给观众眼前一亮的惊喜。

"走向金婚话幸福"——66对（国际）集体婚庆典礼。遴选66对夫妇，在永福福寿节上举办婚庆大典，66对夫妇包括永福本地金婚夫妇36对，深圳宝安区福永街道不同婚龄夫妇20对，国外不同婚龄夫妇10对。婚庆活动温馨浪漫、快乐幸福，有美丽西江漂流、长寿老人生活体验、与年轻人分享幸福婚姻的秘诀和金婚庆典晚会等。婚庆游船长龙在美丽的西江上游弋，山光水色与一对对穿上漂亮婚礼服的幸福夫妻，构成一幅唯美的画卷。

走向金婚晒幸福活动之一（永福县福寿办供稿）

千人旗袍秀。2018年，为迎接广西壮族自治区成立60周年大庆，第十一届永福养生旅游福寿节，以创新的思路和开放的姿态，营造浓厚的节日气氛和浓郁的民族氛围，福寿节活动内容丰富，亮点缤纷，千人旗袍秀展演将福寿节开幕式推向高潮。

李王巡游。宋代武状元李珙，是永福人民的骄傲，是抗击外敌的民族英雄，深受广大人民群众的爱戴，他的英名和事迹在永福及周边地区广为传颂。在李珙家乡永福，自明代开始，逐步发起了规模宏大、组织严谨的大型纪念活动"李王巡游"，五年一大游，三年一小游，直到1948年活动才自行停止。福寿节上再次演绎大型传统民俗文化——"李王巡游"，巡游队伍由1名武士扛蜈蚣旗开道，20人扛蜈蚣旗双行前行随后，旗队后是8名武士抬李王塑像，两支舞龙队42人，4支狮子队20人边走边做表演，20名排灯做各式造型，鼓乐队一路击鼓吹乐，100人秧歌队一路扭秧歌随后，100人彩妆队（纸马、旱船、蚌壳等）、100人彩调队跟随，合计约500人。队伍绕县城凤山一圈，在沿途设祭拜节点做祭祀仪式，祈求国泰民安，在凤山公园门口龙狮队做采青表演。沿途街道早就挤满了围观群众，无不怀着崇敬的心情，敬仰先贤，领略传统民俗文化。可以说，这是十二届福寿节中比较有意义的一项活动。

举办永福罗汉果节。第十一届桂林永福养生旅游福寿节，在龙江乡设立分会场，举办永福罗汉果节，是永福人尤其是龙江果乡人期盼已久的大事、喜事。永福罗汉果产业发展，虽然一直在进步、在提高，但离老百姓的期望和时代发展要求还很不够，还需要更多、更有效的宣传平台，认真谋划，办好罗汉果节，打造罗汉果宣传品牌，效果是不可估量的。

罗汉果节期间，在罗汉果核心种植区——龙江乡，人人洋溢着幸福的笑脸，处处是欢乐的海洋。无论是位于驿马村的罗汉果农业核心示范区庆丰收，还是罗汉果特色产品展，来自各地的宾客和本地群众熙熙攘攘，满脸喜色；无论是十大"罗汉果王"、十佳"罗汉果种植能手"评选大赛，还是罗汉果选果大赛、主题山歌会，都吸引了无数新闻媒体的目光，第一时间争相报道。罗汉果节的意义，绝不仅仅是热闹、好玩。

2020年是我国全面建成小康社会目标实现之年，是全面打赢脱贫攻坚战收官之年，第十二届养生旅游福寿节"传承文化、彰显特色、大众参与、乡村欢乐"，不断创新，异彩缤纷。

状元祠、文明塔是永福县的两处文化瑰宝。在永福这片福寿宝地，历史上出现了4个状元、1个榜眼、40多名进士。宋代一朝出现了文武两状元，他们均名垂青史，永福人一直注重对状元的崇祀，元代在县城凤山上就建有王李二公祠祭祀二贤。2018年永福县在凤山状元坪重建了状元祠。状元祠开祠仪式庄严肃穆，舞龙、舞狮、开笔礼井然有序，庄重喜气，静动结合，美不胜收。开笔礼在福寿节上进行了多次，40名刚刚入学的孩子书写"人"字，开启一生知礼、懂礼、守礼之路。300名旗袍会员在文明塔的走秀，在美景中展示优雅仪态，与文明塔的壮美构成一幅幅不一样的美丽画卷。

第十二届福寿节的最大亮点，无疑是庆祝农民丰收节——福寿田园欢乐行、乡村车模走秀。举办"中国农民丰收节"可以展示农村改革发展的巨大成就，同时也展现了中国自古以来以农为本的传统。

福寿田园欢乐行活动。活动内容丰富，处处展现的是田园庆丰收的喜人景象。包括水田抓鱼、捉鸭活动、田园采摘、田园旗袍走秀、田园骑行、彩调演出等等，让游客流连忘返，久久意犹未尽。其中，由深圳市秋歌文化策划有限公司策划和承办的乡村车模走秀开始最不让大家看好。随着走秀活动的开展，一篇篇唯美推文的发布，车模走秀大赛越来越受大家的关注。乡村车模们优雅的气质、卓越的才华、幽默的言语、淳朴的表演，为大赛增添了更多的色彩和看点。

三、花团锦簇

福寿节活动之一（永福县福寿办供稿）

从 2006 年至 2020 年，永福县成功举办了十二届福寿节，成果丰硕，变化巨大，真正实现了文化搭台，经济唱戏的目的。

招商引资成绩惊人

凭借着福寿节的影响力，永福的招商引资工作成效不断凸显。苏桥工业园区进驻项目日日增进，现代工业强县初步显现。投资项目涵盖旅游开发、健康养生、生物科技、特色观光农业、基础设施建设、地产开发、旧城改造等多个领域，永福县的健康养生产业展现出巨大的吸引力和发展潜力。永福投资环境得到广泛认可，各界人士积极参与永福建设，与永福经济社会发展同呼吸共命运。

项目建设成绩喜人

2006 年首届福寿节以来，永福县项目建设步伐加快，城乡面貌大为改观。一大批有特色、有品位、有档次的项目建设，得到了广大市民的一致肯定。2008 年开工建设、2011 年正式启用的县体育馆，外观造型美观宏伟，突出力度和现代气息，馆内功能齐全，是桂林市功能最多、档次最高的体育馆之一，2013 年度获桂林市优秀工程设计一等奖、广西壮族自治区工程设计二等奖。2008 年破土动工，2013 年投入使用的永福南站，为桂林市南面城际动车站。动车站的建成启用，大大缩短了永福县同外面世界的距离。2014 年建成的县博物馆，建筑与装修设计，采用中西结合、仿古与现代相结合，庄严古朴、雄伟大气，与馆藏文物相得益彰。2016 年竣工的福寿桥，砼浇筑结构古廊桥建筑风格，大小梁斜穿直套，纵横交错，美不胜收。廊檐绘满精美图案，龙腾凤舞、花鸟鱼虫、造型各异、栩栩如生，镌刻有"福寿"二字的花岗岩石栏杆，蕴含了浓浓的福寿文化气息，"一曲鸣廊穿绿苇，三更收钓傍青堤。""槛送三江水远，檐挑五岭云高。"悬挂于廊桥的两端，楹联意韵深远。福寿桥犹如横陈在东河上的一架琴、一幅画、一首诗，沉淀着厚重的历史文化，留给人们慢慢品味。2016 年建成的"医养结合"养生养老方式为特色的颐养园，以永福县中医医院的医疗团队、技术、设备为保障，打造出以公益性养老为基础，中高端为主体，集养、护、医、康于一体的新型养老、养生、亚健康调理机构。在永福县城三江汇流的鹧鸪洲下洛清江边的小山上，重新耸立着一座熠熠生辉的七层宝塔——文明塔。文明塔始建于明万历年间，清雍正末年重修过，后坍塌再未重修。2018 年底重建成的塔建筑，既深含传统文化寓意，又可增塑人文景观，是永福地方文化的重要载体，是休闲养生的好去处，已成为永福

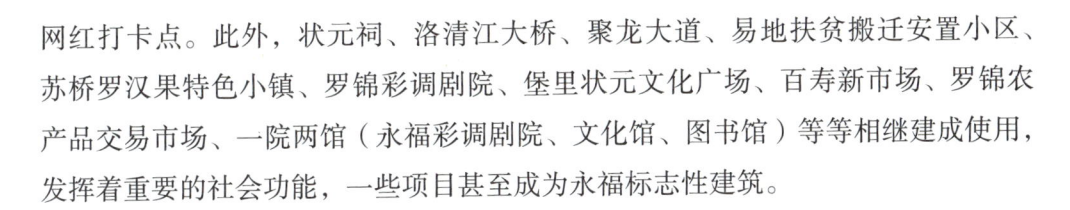

网红打卡点。此外，状元祠、洛清江大桥、聚龙大道、易地扶贫搬迁安置小区、苏桥罗汉果特色小镇、罗锦彩调剧院、堡里状元文化广场、百寿新市场、罗锦农产品交易市场、一院两馆（永福彩调剧院、文化馆、图书馆）等等相继建成使用，发挥着重要的社会功能，一些项目甚至成为永福标志性建筑。

产业发展品牌诱人

2007年，永福县获得世界养生大会组委会授予的中国首块"养生产业示范基地"牌匾，获得首批"中国长寿之乡"荣誉，为永福县打造长寿之乡和养生之都的品牌奠定了良好的基础。十多年来，永福县大力发展养生产业，全县建立无公害农产品示范基地30多个，无公害生产面积30多万亩，养生产业的产业链条已经形成。永福县现代特色农业核心示范区、龙江驿马罗汉果示范区、广福龙溪麻竹产业核心示范区被自治区认定为四星级现代特色农业示范区。罗汉果、砂糖橘、西红柿、优质米等形成了自己的品牌，2010年"永福香""香盈八方"品牌被评为广西著名商标，"永福香"优质米、"香盈八方"腊味长盛不衰。永福是全国七大富硒区之一，2014年全国首届硒产品博览会上，"永福香"富硒米和永福罗汉果双双获得"中国名优硒产品"殊荣；2015年"永福香"优质米再获"全国名特优新农产品"殊荣。

永福县充分利用养生资源优势，发挥"养生产业基地"傲人招牌功能，通过举办养生论坛及宣传推介，养生旅游、养生房地产都取得显著成果。一些房地产商把发展养生式房地产、打造养生休闲住宅，作为一个营销亮点，进行了有益的尝试。这些住宅小区房突出环保、舒适、休闲的功能，吸引着全国近千名客人来永福购房、旅居，把永福当第二故乡。

文化兴盛成果醉人

通过出版福寿文化系列丛书，传承弘扬发展彩调，拍摄制作微电影、宣传片、纪实片，创作诗词、歌曲、美文，整理完善研讨会、调研、探秘论文集，举办书画摄影大赛、作品展等等，福寿节硕果累累，文化作品琳琅满目、令人陶醉。

"彩调"作为广西三大地方戏之一，广泛流传于广西各地。它形式活泼、诙谐幽默、通俗易懂，内容十分贴近群众生活，具有浓郁的民族风格和地方特色，被誉为"充满泥土芬芳的快乐剧种"。

彩调大赛（会演）作为每一届福寿节的保留节目，深受群众喜爱。

2012年广西彩调艺术节落户永福，大大提升了永福福寿节彩调大赛的分量和关注度，各地戏曲专家、彩调传承人等200余名彩调专家汇聚一堂，参加以"彩调的传承与发展，还戏于民"为主题的彩调艺术论坛，围绕彩调艺术的现状及发展趋势、彩调艺术的普及与提高、借鉴东北二人转的经验将彩调推向更广阔的市场、彩调人才的培养、如何振兴彩调艺术等议题展开了深入讨论，对推动永福彩调的发展起到了积极作用。

由著名作曲家范成伦作曲、广西著名作家古笛作词的《永福之歌》，活泼欢快、情真意切，在福寿大地传唱经久不衰，成为永福福寿节节歌，很多县民在喜欢之余，将《永福之歌》设成手机彩铃。《美丽的永福等你来》《永福罗汉果之歌》《永福彩调》等都在广为传唱。

美德传承事迹感人

孝老敬亲、传承美德是永福福寿文化的重要组成部分。每年的福寿节，永福县都要组织看望慰问长寿老人，评选"十大寿星""十大孝星""十大和谐家庭"模范，全县各族群众爱老敬老的善行蔚然成风，体现了福寿之乡尊老爱老、家庭和谐、邻里和睦的优良传统。

第七届福寿节还进行了"感动永福十大人物"评选活动。"感动永福"人物的事迹确实非常感人，有扎根边远山区小学30年，兢兢业业，视学生如子女，家庭遭遇重大变故而没有被困难压垮，彰显了人性的坚韧、不屈与执着的堡里乡合顺小学教师庞富萍；有拖着重病之躯忙碌奔波，关心群众疾苦，为村民排忧解难，带领村民脱贫致富，一心为民，两袖清风的龙江乡上维村村委会主任罗仁恩；有27年如一日照料已故前妻的母亲，无怨无悔，用实际行动书写了人间大爱，被评为2008年"全国孝亲敬老之星"的广福乡大石村农民张连恩；有为了永福的青山绿水，甘于寂寞，领着微薄工资，24年守望在白马山上，成为永福县南五乡镇森林守护神的白马山瞭望员梁勤权；有永福县"呵护未来"志愿者服务队的倡导、组织者，义务关爱青少年健康成长，用爱心、真心和恒心扬起希望风帆的县检察院检察官赖家明；还有养路工人阳永刚，敬老院院长王树平等等。

为更广泛地宣传和弘扬我国优秀传统美德，讲述永福县孝老爱亲感人故事，进一步传递正能量，永福电视台开设了《孝行永福》《爱心成就梦想》等电视专题栏目，得到了山东电视台的大力支持和指导，深受永福县广大受众的好评和喜爱，也得到了上级领导的赞誉。

第四章 持续发展 打造品牌

丰收的喜悦（刘心德 摄）

第五章　制度建设与文化自信

活力永福（陶涛　摄）

　　制度建设是优秀传统民俗文化创造性转化创新性发展的重要引擎。优秀传统民俗文化持续性生长离不开精英的引领，而地方政府相关部门是地方文化当代发展的重要引领力量。正如田兆元先生所言："民俗是精英创造，民众认同并共同完成的文化形态；民俗不是通俗文化，民俗是高雅文化，民俗不俗。因此，民俗文化是精英文化。"回看"政府在场"的永福民俗文化的传承与保护事迹，显现的文化自觉与文化自信不言而喻，对地方经济发展的助推作用也是显著的。

一、民俗传承与创新

　　民俗资源的利用和发展是乡村振兴的重要组成部分。中共永福县委、县人民政府及其社会力量共建共享的永福福寿文化节从2006年至2020年，已成功举办12届。每一届永福福寿节始终围绕着"增进民生福祉，提高人民生活品质"为导向，坚持"政府主导、社会参与、市场运作、部门服务"的办节原则，依托福寿节，不断地挖掘与利用优秀传统民俗文化作为促进经济发展的重要利器。这不仅是地方文化自信的彰显，也体现了文化软实力的影响力之巨大。

（一）构建新兴节庆发展新格局

融合发展是多元民俗文化形成合力的最好路径之一。永福县委、县人民政府一直坚持走多业态融合纵深发展的路子，极力打造地方品牌，构筑发展新格局。

虽说永福的福寿文化底蕴深厚，但福寿文化节却是新兴节庆。十多年以来，永福县福寿文化的复兴与传播，离不开福寿文化节的加持，实则离不开地方精英十年如一日的文化实践。打造的永福福寿节成为聚人气、添福祉、促发展的特色节庆，实现了以文塑旅促进乡村振兴的目的。

永福县极力推动文明培育、文明实践、文明素养、文明道德，树立地方尊老敬老福寿文化品牌，推进城乡精神文明建设融合发展，提升地方社会文明程度。《尚书·洪范》有言："五福：一曰寿，二曰富，三曰康宁，四曰攸好德，五曰考终命。"这是经典的五福叙事。民间对五福也有表述，通常将"福、禄、寿、喜、财"合称"五福"。福与寿的结合，更是集中体现了民众对个体生命质量与生命长度的美好期盼。在《礼记·祭统》中福被这样解释："福者，备也；备者，百顺之名也，无所不顺者，谓之备。"福即为诸事顺遂。《说文解字》寿被释为"久也"，"寿"字最早见于周代青铜器铭文中。中国古老汉字中比如甲骨文就已经有跟寿意义相近的字，如老、考、耋等。福与寿合体组成福寿一词，其意义非常之明确，即福为寿之基，寿为福之续。这是我国福寿观的精髓之所在。优秀的传统文化需要挖掘与再认识，福寿文化是充满生存智慧的文化是值得去挖掘与实践的优秀文化。

虽说永福福寿节是新兴节庆，但当地福寿文化却是源远流长的。永福县内与福寿直接相关的景观有两处，一是永福县城凤山之巅的"福"字。据说这是北宋时期永福籍名人李珙用手掌沾墨写成的"掌书"。这石刻福字，实则是清代凤山澄心寺高僧依据李珙真迹刻制而成，相传已有880多年历史。另一处是位于永福县城西北方位的百寿镇百寿岩石壁之上的百寿图。百寿图是由一个高175厘米，宽148厘米大寿字，以及大寿字里刻的100个小寿字组合而成的石刻景观图。这个大寿字是南宋绍定己丑年（公元1229年）由知县史渭下令刊刻的。可见，福、寿景观是历史遗留，永福县精英对地方文化资源进行挖掘，通过福寿节将"福""寿"注入社会主义核心价值观，把支撑福寿的重要基质进行当代诠释与实践，重视孝老敬老，让孝敬二字镌刻在日常生活中闪烁着人性的光辉，这是重要且有意义的文化实践活动。

永福自创建福寿节，便让地方福寿文化有了展演的载体。首先是节庆时间的选定。自2006年起，在每年的九九重阳节之际举办福寿节。重阳节与大多数传统节日一样，起初都是为了禳灾驱邪求吉，到了汉末魏初重阳节已表露了对长寿康健的文化心理诉求，正如曹丕在《与钟繇九日送菊书》所言："岁往月来，忽逢九月九日。九为阳数，而日月并应，俗嘉其名，以为宜于长久，故以享宴高会。"长寿康健成为节日欢庆的主要内容。永福福寿节的时间与重阳节叠合，这不仅是对传统佳节的民俗内涵的接续与当代实践，也赋予了重阳节新的活力。足见，地方节日的构建并非无根之木，精英们对节庆的构建初衷与最终目的都朝向得到地方民众的认可，并且期冀引起更加广泛的认同，实现文化搭台，经济唱戏，造福地方百姓。选择重阳节来临之际举办福寿节，这是智慧的抉择。

节庆需要有时间感，还得满足地方的需求，这是节庆活动持续性的保障。当地百姓视孝道为大，尊老敬老更是地方的常态。从小处说这是优良家风的体现，从大处谈这是中华优秀传统文化传承的鲜活案例。永福县长期以来用福、寿作为标志性地域文化符号，体现了地方民众对福寿文化具有强烈的认同。地方政府通过福寿节形塑民风，形成关爱寿星、效仿孝星、向模范和谐家庭学习之风气，形成具有实际效用的福寿文化实践模式。

关爱寿星是福寿文化绵延不绝的根本所在。首届福寿节举办"千叟宴"引起众多媒体报道，更是被上海大世界基尼斯评为大世界基尼斯之最。这是对节日的认可，但是节日最大的意义显然不限于此，最重要的是福寿节强化了地方伦理秩序，让老人感受到世间的温情，对未来的生活充满期待。正如当地的老人所言"要健康地活着多参加几次福寿节"。这应该是对福寿节创办意义最好的诠释。

福寿节强调对长者的关心这是根本，而能够得福寿的长者离不开子孙的孝与敬。被孝顺，被尊敬这是长者渴求长寿的基础，如果脱离这些保障性条件，福与寿就会被切割，最终导致福寿不能两全。寿本身是一种生命现象，是自古就被渴求的理想结果。自古以来寿前面往往是祝、拜、贺等动词，祝寿是人生仪礼中重要的仪式行为。诚然，长寿向来是被祝贺的，也是被上至帝王下至百姓所向往的。正如《吕氏春秋》有言："人之情：欲寿而恶夭。"但是，简单地理解民众追求的寿就是命长，这是浅显的认知。无论是古人还是今人，追求长寿，都是留念美好生活进而"欲寿而恶夭"。寿是主观愿望，但是它确实需要实在的物质条件做基础，愉悦的生活环境做保障。不然"寿则多辱"就会写进现实。上古圣君帝尧谢绝华封人的祝愿，正是领会了其中的真谛。《庄子·天地》记载了二者对话："尧观乎华，华封人曰：嘻，圣人。请祝圣人，使圣人寿。尧曰：辞。使圣人富。尧曰：辞。使圣人多男子。尧曰：辞。封人曰：寿、富、多男子，人之所欲也，女独不欲，何邪？尧曰：多男子则多惧，富则多事，寿则多辱。是三者非所以养德也，故辞。"圣人之虑，其实也是平民之忧。在现实生活中，人一旦因年长从家庭主要劳动力位置退居，加之无积蓄傍身，就容易招嫌弃。曾听一位五十有余六十不足的村民说，自己不希望长寿，只要活过六十岁就够了。因为当地认为满六十以后就算"老死"，死后不会成为孤魂野鬼。经田野调查，大多数对晚年生命的不眷恋，很大程度上是对自己自保能力的不自信，对子女履行赡养义务没信心所致。俗话说"久病床前无孝子"，从这一层面也不难理解"寿则多辱"并非危言耸听。永福福寿节通过评选"十大健康长寿之星"，评选"十大孝星"，凸显了福、寿之间的内在关联性。

百岁老人上台领奖（张桂发　摄）

（二）文化资源优势转化为经济增长点

永福县始终践行文化资源优势转化为经济增长点的发展理念，坚持以文塑旅、以文彰旅，坚持走文旅深度融合，守正创新的路子，助推福寿文化实现创造性转化、创新性发展。在福寿节的构建过程中，确保福寿文化不变味、不变质，始终以为人民谋福祉为基准。在文化振兴的同时带动经济振兴，共同绘制乡村振兴的宏伟蓝图。

永福县长期以来用福、寿作为标志性地域文化符号，体现了地方民众对所处地域文化具有强烈的认同感。福寿节依托于"福文化"与"寿文化"，打造"绿色、养生、旅游、福寿"多元一体的福寿文化节庆。宣传地方福寿文化的同时，也在营造更加浓厚的福寿生活氛围，使敬老尊老传统美德成为地方的引领文化，以此反哺社会文明建设，弘扬福寿文化。

为了将优秀的福寿文化挖掘、整理以便推介，永福县福寿文化研究会成立，同时携手广西大学文化与传播学院成立福寿文化永福研究基地，并举办了一系列精彩活动，如"福寿文化论坛""福禄寿民俗文化知名作家创作笔会"等。这些活动不仅加强了永福福寿文化的挖掘与学理研究，还有助于扩大永福福寿文化的影响力，在一定程度上影响力也就是生产力。

永福福寿节并非为办节而办节，12届福寿节的举办，不仅促进文化振兴，也极力促进地方经济振兴，最终目标是实现福寿节的高质量发展。每届福寿节，不仅实现了优秀传统文化传承与传播，同时还吸引大量人才、资本等流入永福，为永福全方位发展提供了可能性。永福政府组织各界精英不断挖掘地方民族文化，提炼文化精髓，讲好永福福寿文化故事，以此吸引外商进驻永福，实现资本赋能地方发展。

福寿文化衍生的产业文化成为地方重要的支柱性产业。生态旅游链的打造利用了永福天然的地理环境优势，实现经济文化利益最大化。目前以福寿之乡的天然优势为生态旅游底色、以金钟山旅游景区为标杆，构筑以崇山古民居、香巴拉湖畔农庄、瀑景山庄多位一体的农家生态休闲旅游系统，从而提振地方旅游文化经济。其次，绿色养生产品生产销售是助推乡村振兴的又一重要举措。

近年来，永福县高度重视罗汉果、永福香米、养生茶这些地方特产的发展，在种子培育、种植技术、生产包装、品牌建立等方面，始终坚守绿色、品质的底线，确保从种植到销售的每个环节都符合高标准。2007年，永福县荣获世界养生大会组委会授予的"养生产业示范基地"牌匾，这为养生产业发展奠定了基调。俗话说"酒香还怕巷子深"，土特产的品质在逐渐提升，但相关的文化输出却还未跟上，这需要后期深入挖掘相关故事，将特产故事讲好，广泛地传播开。事实证明，市场消费认同的建立会给产业发展带来不可估量的效益。比如第八届福寿节优质养生产品展销吸引各地客商，签约项目共 13 个，计划总投资金额高达 118 亿元，用于旅游开发、打造观光农业、县域基础设施建设、旧城改造等，如今的永福县与福寿节创办之前已发生翻天覆地的变化。这些可视的变化很大程度上得益于福寿节。可以说，永福县通过这场文化盛宴完成了一次次的蜕变。

车水马龙的崇山村（关琰　摄）

自福寿节举办以来，地方项目建设如雨后春笋般，成为永福大地的一道道亮丽的风景线。有 2008 年开工 2022 年建成使用的被称为桂林功能性最齐全的体育馆；有 2014 年建成的县博物馆，2016 年竣工的福寿桥，2018 年重修的文明塔；还有状元祠、彩调剧院、文化馆、图书馆等标志性文化载体，这是永福县集各方力量挖掘、整理地方文化后将其通过具体的物质载体——重回人们视野并且为地方民众服务的现实路径。这些文化空间的建构，也为永福县吸引了不少游客，多处景观成为网红打卡点，成为聚人气，传播地方文化的重要的媒介，同时也促进了地方的经济增长，拉动了经济这辆马车快速前行。

（三）构建优秀民俗文化传承体系

福寿文化不是福与寿美好诉求的简单叠加，要实现民间对福寿文化高度认同，实现伦理秩序的有条不紊，离不开福寿文化的当代重构。重构的过程也是福寿文化体系化的过程。福寿文化作为中华优秀传统文化，对其进行重构与发展是积极响应时代需求的一件利民的文化事业。永福福寿文化体系的构建与传播路径为当下优秀文化传承发展提供了鲜活的个案。

福寿文化就像一张大拼图，需要很多部件，这些散落在永福的福寿文化叙事就是拼凑出完整福寿图景的材料。永福福寿文化不是单一符号，是多元的，是一个谱系。永福福寿文化，通过语言叙事、图像叙事、仪式行为叙事的多元表征形态被识别与认同，是后辈赖以汲取经验的重要资源。

经典的福寿文化语言叙事的重述，需要精英参与和民众认同，如此才能够使其适应现代生活诉求继续为人类提供教化意义与启迪功用，引起社会反响。整个福寿文化的重述过程都离不开政府的主导，首先就是召集专家学者对永福文献史料进行爬梳以及走到群众中间去搜集散落在民间的且在民众中具有强烈认同的福寿文化元素。回看地方志书与民间传说，都提及丹砂井，廖扶。这让丹砂井、廖扶成为福寿文化中的重要符号。丹砂井水与廖扶家族长寿的关系叙事，在地方志书中仅有寥寥数语，而民间流传的传说却相较而言更丰富。两者虽然都表明丹砂井水与廖扶及其家人长寿有关系，但是为何饮丹砂井水能够得长寿，民间传说中出现了何首乌，而且是两只可幻化人形的已成精了的何首乌来让井水有了"灵力"，这让丹砂井水的神奇有了合理解释。但是，丹砂井民间传说并非只有长寿这一层意义。廖扶一家渴饮丹砂井水，得长寿，但是并未对丹砂井进行破坏式的探秘，实现了代代都有丹砂井水饮，侧面说明廖扶家族对丹砂井是有维护的，人寿的同时也足以证明丹砂井生命力的顽强，廖扶家族在水源利用与保护方面做得是很到位的。

水乃生命之源，好的水源，健康的水质，确实是对人的健康有益。这是朴素的道理。廖扶与丹砂井，明面上是饮丹砂井水可得长寿，但是却忽视了人得长寿的同时丹砂井的"寿命"也是长的这个事实。除此之外，传说中还用县官因贪婪破坏丹砂井，即便吃了何首乌的肉也不得善终，而无知无求的厨师哪怕亲手蒸了何首乌，尝其味咸淡与否，却成了仙，这一组矛盾体反映了一个深刻的道理，即人不能动贪恋邪念，自私自利会招致灾祸，无欲无求做好本分自有福气的道理，这体现的是永福福寿话语中的秩序问题。

永福福寿文化的经典图像叙事，是直观传承福寿文化的重要介质。永福石刻是体现福寿文化的重要景观图像，也是社会记忆的重要载体。永福县城凤山顶上的"福"字能够完好地留存，其实与它的神圣化相关，与民众认同相关。正如柯林斯所言："社会通过符号而模式化，或通过尊崇符号而变得更加明确；但这些符号只有在它们被参与仪式的成员赋予思想情感后，才会受到尊崇。"永福福字的神圣性建构，与其是武状元李珙掌书镌刻所成有直接关系。福字带上了名人效应，尤其是坚持把教育摆在优先发展的战略地位的当今社会，求学之人以及家有考生的家长摸福祈福成为一种仪式行为。摸状元写的字，在民众眼里意味着可以沾上状元之福，希冀高中梦想学府。这是永福福字权力的体现。可见，任何文化的延续与发展，背后其实很大程度上是文化与民众需求的对接问题，无论是精神或者物质需求，总要占一方，不然文化只会逐渐式微。

永福福寿文化的仪式行为叙事，这是福寿文化进入现代生活的最直观的表达。永福是彩调之乡，彩调有一大类是祝寿歌，唱祝寿歌这是家中长辈过寿时最重要的仪式环节，祝寿歌不是简单祝寿，还有对贺寿场面的描摹。永福民间歌谣中的《贺寿歌》这样唱道："粮食果饼摆桌中，今晚贺的寿仙翁。恭贺仙翁福源广，寿比南山不老松。主家摆起贺寿台，五湖四海亲朋来。各位亲朋来庆贺，希望众位把歌开。请坐高台是六亲，今晚唱歌靠众人。你也贺来我也贺，好比鱼水一般亲。主家摆起唱歌席，亲坐东来友坐西。庆贺老人吃百岁，百二春秋在来日。祝贺仙翁寿延天，亲戚朋友好欢颜。多费儿媳操劳大，又费米来又花钱。秋仙公公八十秋，背不弓来腰不勾。牙齿好像后生样，甲子过了不白头。各位六亲坐华堂，希求各位要开腔。为了寿星来祝贺，大家也要起歌堂。亲朋好友坐满台，唱得寿星喜颜开。有的亲朋把歌唱，有的不唱把拳猜。"这首歌是贺寿仪式中最华彩的部分，里面也尽显民众智慧。整个贺寿歌中呈现的内容是丰富的，一是宴席食品丰盛，二是宾客满座，三是称赞媳妇用心操办寿宴，四是贺寿气氛欢愉，五是贺词接地气，用秋仙公公长寿不显老这一对象映射寿星，表达最真诚的祝福，将贺寿推向高潮。这里面照顾多重关系，且每重关系都处理得当。尤其是称赞媳妇而非儿子，这是最显智慧的第一处。其次，祝词中对福寿状态进行了具象化，即"背不弓来腰不勾，牙齿好像后生样，甲子过了不白头。"这是永福福寿文化中的文化内核，即福寿安康。这份福寿离不开良好的家庭生存环境，媳妇尽心尽力操办寿宴，寿宴办得热烈欢快，这是家庭和睦的最好反映。寿便是生在福气里的最好结果。

诚然，三位一体的叙事体系，是福寿文化转化的重要路径。讲好福寿文化的故事，不仅是语言层面的，也是视觉上的，同时更应该付诸华彩的仪式行为上面。

文化的认同，不是一日形成的，它是经年累月，不断与民众之需交织交融后的一种结果。福寿，是民对生的渴求，对康健的一种执着，更是对生存环境、饮食生态、子女赡养、社会尊老敬老等提出更高要求的一种声音。对永福福寿文化的挖掘，其实也是对福寿文化的再认识，认识不是最终目的，最终目的是使福寿成为一种生命常态。

买顶漂亮新帽过节（秦顺德　摄）

二、非物质文化遗产延续与发展

自非物质文化遗产运动启动以来，非物质文化遗产已成为中华优秀传统文化的重要组成部分，它蕴含着各民族的文化精髓，可通过观非遗识民族魂。正如王文章所言："保护和传承非物质文化遗产，对于营造适宜的人文生态环境，延续不同民族、地域的优良传统，维护人类文化的多样性，充分发挥世界各国、各民族人民的想象力和创造力，推动人类社会的可持续发展具有重要的意义。"文化的保护已不再是保存留根，而是实现文化推进社会发展，实现文化惠民、利民的现实目标。

进入新时代，我国社会主要矛盾已经转化为人民日益增长的美好生活需要和不平衡不充分的发展之间的矛盾。这是中国时下的实际情况，为了推进中国式现代化的实现，离不开中华优秀传统文化的滋养。这就需要我们坚定文化自信、坚持古为今用、推陈出新以满足人民对文化的高质量诉求。足见，非遗文化的保护

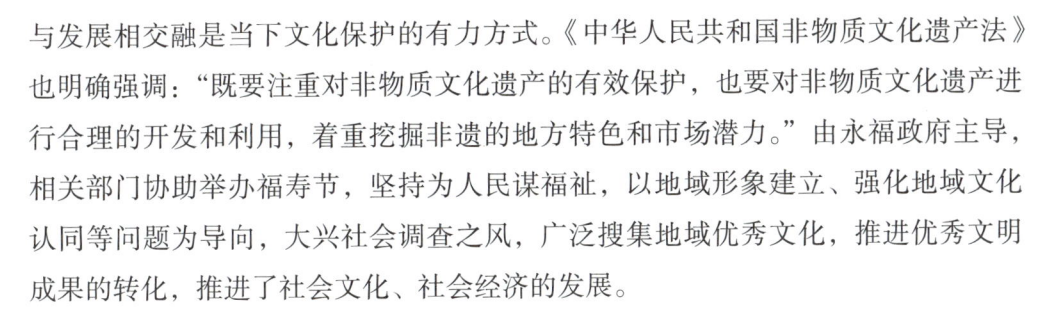

与发展相交融是当下文化保护的有力方式。《中华人民共和国非物质文化遗产法》也明确强调："既要注重对非物质文化遗产的有效保护，也要对非物质文化遗产进行合理的开发和利用，着重挖掘非遗的地方特色和市场潜力。"由永福政府主导，相关部门协助举办福寿节，坚持为人民谋福祉，以地域形象建立、强化地域文化认同等问题为导向，大兴社会调查之风，广泛搜集地域优秀文化，推进优秀文明成果的转化，推进了社会文化、社会经济的发展。

（一）记录、陈列与实践：民间文学类非遗保护

2003年，第32届联合国教科文组织大会通过《保护非物质文化遗产公约》，次年，中国成为第六个批约国，并逐渐建立了国家、省（区）、市、县四级名录保护体系。非遗名录由十大类别构成，其中民间文学是非遗名录中的重要构成部分，它包括神话、传说、故事、歌谣、史诗、长诗、谜语、谚语等，这些叙事类型不同程度地承载了社会历史记忆，是认识过去，对其进行调查、记录、整理、归档保存，对民间文学类非遗保护的基本举措。

劳里·航柯在《民间文学的保护——为什么要保护及如何保护》中引述了联合国教科文组织起草文件中的一段话："保管涉及将民间文学做成文件，其目的是利用和发展这些传说，为研究者和传说说唱者提供资料，供他们了解传说演述及变化过程。活生生的民间传说，由于其本身的演进特性，不能始终得到直接的保管，已经固定成形的民间传说则应得到有效保管。"航柯的表述其实清楚地表明，对民间文学的搜集整理最终是为了利用与发展。换言之，就是让民间文学重新回归日常，服务民众的需求，造福当下。

据统计，永福县的民间文学被列入民间文学类非物质文化遗产名录的有《廖扶传说》《丹砂井传说》《大福字传说》《百寿图传说》《凤山传说》《仙姑岩传说》《李王传说》《拐脚状元传说》《韦银豹传说》《蒙廷章传说》等，上述传说凝聚了民众的智慧与创造力，是地方民众的宝贵文化财富，也是持续滋养地方民众的力量源泉。但是，从散落民间到集合各方力量搜集、整理再到陈列传播，发挥其价值的最大化，扩大其影响力，都离不开社会大调查，离不开文化自信。

这些民间传说是被社会需要选中的，一方面是民间活态传承力使然，另一方面则是其饱含的现实功用使得它们进入社会大众视野。这些民间文学资料的搜集归档最后成为对外展示地方文化基因的文化符号，可视为"以文促旅"的重要资源，更是全面推进乡村振兴的重要力量。

开辟千年今再现：广西永福福寿节回望

回顾历届永福福寿节可知，民间文学与福寿节形成了合力助力乡村振兴，也实现了民间文学的创新性发展。永福体现福寿理念的神话资源让福寿节的建设有了根据，使得这个新兴节日有了从历史中走来的厚重感、层次感与丰富性。北京师范大学萧放教授曾指出："节日是文化的节点，是民众精神生活的集体体现，是人们沟通、调节天人关系、人际关系，以及安抚、表达内在情感的时机。我们从传统节日民俗中可以经常看到与神灵对话的仪式。"永福福寿节正如其所言，它集体体现了地方一直传承的乡风民风之醇厚，敬老孝老之美德，更是通过仪式来疏解内心的情感诉求。最终实现的是地方一派欣欣向荣的景象，更是提升了地方民众的幸福感。

民间传说资源与仪式活动的自然融合。最典型的就是祭拜凤山之巅的福字。此处的福字已然超脱于普通字符的意味具有了神圣性。相传这是李珙的掌书。李珙是宋大观元年的武状元。宣和末年，金兵南侵，危急关头，李珙响应君王号召，募集三千护国勇士抗金护国，但终因寡不敌众导致全军覆没，最后自己也战死于衡州（今湖南衡阳）。武状元、抗金英雄这二重身份，择其一出来，都会得到民众敬佩，战死沙场更是让敬佩之情转化成了敬仰。

祭拜凤山之巅的福字，将"福"字的权力体现得淋漓尽致，也表达了地方民众对"福"的期许。福字成为集观赏与象征性意味的价值符号。作为图像景观，民众认同的不是福字的美学价值，而是福字的象征意义。福这个符号在意义上并不抽象，当地考生祭拜"福"字，看似是对福字的崇拜，实则是对书写者的崇拜，更确切是对状元的尊崇。如此便很好理解，为何福字会与学生升学、考学关联。随着香火旺盛，祭拜福字的人不再局限于考学群体，只要有所求之人，都会祭拜福字祈求福报。对福字文化背景的理解反过来又引导我们对民众需求的识别。祭拜福字的学生多，说明学生对学业的重视度高，一定程度上反映了地方新生代对更高学府的渴求与追逐梦想决心之强烈。而地方民众祈求平安、富裕、生活幸福美满等愿望的强烈，则意味着地方民众对生活充满着期待，对生活充满期盼的人自然也是维护社会稳定的重要力量，因为在祈求的过程中，无形中加强了自律意识。

民间传说在节日欢庆、仪式行为活动过程中被重述，其教化作用、文化精神培育功用、娱乐功能等发挥的作用又会反过来促进民间传说的再生产，尤其是其意义的再生产。利用文化资源推进乡村文化振兴，进一步带动乡村经济振兴，最后实现乡村全面振兴,需要加强对民间文化的阐释,注重文化内涵的发掘与凝练,形成影响力,影响力往往很大程度上就等同于生产力。

装艺游行(黄泽治 摄)

(二)生产性保护:传统技艺类非遗保护与发展

生产性保护是传统技艺物化生产,是促进传统技艺类非遗及其资源转化成生产力,促进非遗保护与经济建设协同发展的重要路径。生产性保护不是简单输出传统技艺物化产品,更重要的是实现其价值观念的重塑,以此引起广泛的社会认同,促进消费认同的建立。

永福县的传统技艺类非遗资源是丰富的,是地方文化产业发展的重要资源。诸如罗锦雨伞制作技艺、吕宗华木工技艺、编鼓制作技艺、罗汉果种植技艺、百寿包酿技艺、葡萄酒酿制技艺、萝卜糕制作技艺、松糕制作技艺、芋头糕制作技艺、黄栀子糍粑制作技艺等,每一种技艺的活态传承都离不开消费,技艺物化的产品消费是技艺得以传承的动力。目前永福县的传统技艺类非遗保护效果显著且经济价值突出的要数罗汉果种植技艺。

罗汉果是永福县的土特产,推广罗汉果必须考虑影响推广的因素。作物推广影响因素很多,有两个主要因素是必须认真考量的:一是作物与地理环境的适配度,二是作物能够产生的价值。前者体现的是地理环境的优势,一方水土出一方作物,作物与地方的土壤、气候的适配度造就其滋味,虽说现在技术可以模拟环境,拓展耕种空间,但是品质上面是很难与原产地相媲美的,这也是土特产的优势。永福因为种植罗汉果历史悠久,被称为罗汉果主产地,1995年获得"中国罗汉果之乡"的称号，2014年在中国硒产品博览交易会上荣获"中国名优硒产品"称号，成为同批果品中唯一获此殊荣的果类产品。这是对永福罗汉果品质的认可，也是对地方风土的认可。没有地方风土的优势条件与种植的生态理念，无法种出高品质的罗汉果。但是只因此地适合种植罗汉果，罗汉果产业就能够做强做大显然是不可能的。尤其是世界美食流动性大，来自世界各地的奇珍异果更是琳琅满目，摆在消费者面前的只会是更多更好的选择。由此可知，要推广罗汉果必须在罗汉果产业联合体运营高质量发展过程中，同步讲好罗汉果故事，重述其价值。

罗汉果是一种具有明显效用植物，这为它持续性生产提供了强有力的依据。《中国药典》记载："其（罗汉果）性凉、味甘、无毒，在民间的药用历史悠久，具有清热润肺、利咽开音之功效，可以治疗肺结核、哮喘、百日咳、急慢性气管炎和急慢性扁桃体炎等疾病。"《永福福寿文化志》也载有这样一段："罗汉果是一种名贵药材，性凉味甘，具有清肺润肠等功能，主治百日咳、痰火咳嗽、矽肺病、血燥便秘等症；对于治疗急性气管炎、急性扁桃体炎、咽喉炎、急性胃炎都有很好的疗效；用它的根捣碎，敷于患处，可以治顽癣、痈肿、疮疖等；果毛可作刀枪伤药，提取物甜甙可辅助治疗糖尿病、高血脂、高血压等多种顽症。罗汉果又是一种极好的清凉饮料，用罗汉果少许，冲入开水浸泡，既可提神生津，又可预防呼吸道感染，常年饮用，能延年益寿。罗汉果还可以用于烹饪、糕点制作等。罗汉果被人们誉之为'长寿果'和'东方神果'。"足见，罗汉果的功用已不断被发掘并实践于生活。

罗汉果药用功用的发掘，离不开永福世居先辈们的实践，是他们经年累月实践中形成的地方性知识。这些知识在民间流传，最后又造福于地方民众。但是，即便本地有坚实的消费群体，要实现产业化发展也非地方果农单打独斗所能实现，这需要有多方力量形成合力推动罗汉果产业的发展。永福为传承罗汉果种植技艺，实现非遗技艺的活态传承，形成了龙头企业+专业合作社+农户的产业化联合体发展模式。这是目前罗汉果产业发展的主要发展模式。这一模式的成立，看起来是解决罗汉果产业化发展的显著问题，促进了新的利益共同体的建立，提高了果农的收益。实际上这一模式绝非仅展示其变现的能力，它还展示了追逐利益最大化过程中要求遵循的公序良俗。这公序良俗的重建才是提高地方民生福祉的有效方式。比如统一优质品种、统一规范种植技术、统一品牌宣传等方式方法。品种的提优，这是罗汉果产业高质量发展的根基；统一规范种植技术，近年来永福罗汉果在龙头企业的带领下，从种到收都开始趋于科学化，力求遵循自然规律，注重人与自然的和谐共生，逐渐选用绿色生态的方式防控、治理病虫害，比如使用黄板色诱技术、灯光诱杀技术、诱捕器性诱技术等绿色有效方式。龙头企业规范化管理与绿色可持续产业理念的输出，对一味追求产量，既损伤土地又有损罗汉果品质的行为起到了一定的影响，罗汉果产业整体朝着绿色生态发展；统一品牌宣传，这表示永福罗汉果这一符号的共享性，永福县各方力量共建共享共推永福罗汉果这一品牌，这有助于提升罗汉果质量，但也意味着符号存有的风险性巨大，一旦出现扰乱市场秩序的劣质产品，这对于整个品牌而言是致命的。

罗汉果产业的发展，不只是为了产量而努力，还肩负承续福寿理念的重任，罗汉果对于地方而言它不只是一个果实，它的消费所蕴含的社会和符号意义是巨大的。这也意味着产业发展需要更具科学更具人文情怀。谈起罗汉果故事，就不能与永福的福寿文化割裂。割裂开了，罗汉果文化就失去了"灵魂"。了解罗汉果，要连同福寿文化一起理解，如此才能明晰罗汉果为何能够被当地传播与推广。俗话说民以食为天，可见食物安全在人体健康方面起到重要的作用。永福世居民族多长寿之人，自然与其饮食有密切关系。一旦饮食健康得不到保障，这无疑意味着福寿根基的坍塌。根据相关数据表明，十多年来，永福县大力推进养生产业，从根源上确保养生产业实至名归，生产有永福罗汉果、永福香富硒米等高质量健康产品。土壤安全、粮食安全、饮食安全这是福寿文化的核心内容，也是福寿现象得以出现的保障。因此非遗技艺的传承，必须是连同物化产品依托的自然环境、文化理念一同进行传承，坚持做到人与自然和谐共生、人与人和睦共生的理想图景。任何非遗技艺的传承都不应也不能是口号，而是落到实处地在文化里吸取精华继续为人民健康发展补充营养。让技艺物化的产品与社会中的人发生关系，在其日常生活中发挥实用价值，只有如此优秀的技艺及其技艺背后的优秀文化基因才不会消失。

简言之，传统技艺类非遗的生命力与可持续性依赖于社会对其的需要，一旦与现实生活相脱离，也意味着技艺的式微。但是，传统技艺在生产性保护过程中，必须坚持名副其实的传承，即核心技艺与人文价值一并传承，不能以经济获益为主要导向，破坏传承保护的初衷。

开辟千年今再现：广西永福福寿节回望

大山深处的罗汉果基地（永福县福寿办供稿）

（三）产业联盟：商旅与非遗的共生发展

非遗文化建设与非遗经济发展是非遗文化高质量发展的两驾马车，整个过程理应遵循经世致用思想理念，促进文商旅共生发展。2023 年 2 月文化和旅游部印发的《关于推动非物质文化遗产和旅游深度融合发展的通知》明确指出："支持将非物质文化遗产与乡村旅游、红色旅游、冰雪旅游、康养旅游、体育旅游等结合，举办'非遗购物节''非遗美食节'等活动，发展非物质文化遗产旅游。"可见，文化和旅游部在非遗利用与转化，以及丰富旅游文化内涵方面做出了努力。如何实现非遗的创造性转化创新性发展，这非一己之力所能实现，需要各方力量的共谋发展。永福县依托于福寿节而打造的"吃、住、游、购、娱"一体的文商旅融合发展模式便是多方主体力量共建的结果。

关于饮食，永福县的先辈留下的饮食智慧都在他们日常餐桌上体现得淋漓尽致。饮食非味道绝美就能称为上佳，而是必须味美康体。这是永福县饮食文化中最为华彩的地方。百寿岩中的摩崖石刻有这样一段关于地方饮食的文字："寒酸气味莫相亲，食物须寻苦与辛。漫道葱椒姜桂好，香烟辣酒更宜人。"这体现了地方饮食智慧，即吃食与气候相互中和。处于岭南地区的永福县属于中亚热带季风气候，胡正刚研究指出："岭南的气候特点是天气炎热、雨湿偏盛，在这种特定环境生活的岭南人，由于多种因素的综合作用，形成'腠理不密''阳不下降''阴不上腾''中焦多湿''上热中湿下寒'特点。"为何在这样的环境下，永福县还会涌现如此多的长寿老人,这很大程度离不开他们生活的智慧,其中自然包括饮食智慧。

众所周知,一方水土养就一方人,也滋养出丰富的食材,这些食材能够长得如此好,说明它们是适应地方环境的。永福的先辈们通过身体经验,就地取材,发挥自己的智慧,发明制作了许多特色佳肴,比如包酿、萝卜糕、芋头糕、松糕、黄栀子糍粑等,这些吃食主要是利用新鲜的时令食材制作而成,它们突出的特点就是特别容易饱腹,在贫苦年代这些都是逢年过节才有的佳肴。现如今这些吃食制作得更为精致,对于地方百姓而言这是儿时的味道,对于游客来说这是永福特色佳肴,满足了他们猎奇的心理。其次,酿酒是永福家家户户的必备技能,地方百姓会利用本地野生山葡萄作为原料,酿造山葡萄酒,在湿冷寒凉季节喝上一小盅葡萄酒可以达到驱寒暖身活血之效。这些特色佳肴如今很多被发掘成为招待游客的特色风味,实现了其经济价值,但是佳肴的故事还有待开发,消费食物的时候,应该也让食客品味佳肴的故事。抓住食客的胃的同时,也应该让食客吃出文化,吸收食物营养的同时也汲取食物文化的营养,尤其是挖掘地方饮食背后的健康理念以及维系这些文化精髓的具体实践伦理,这是保障饮食灵魂的关键所在,也是福寿文化接续的理想景象。

关于住、游、购、娱。每一要素在旅游过程中都是重要的要素。永福县大力改善城乡基础条件,吸引外商投资,在实现留得下游客方面不断在探索。以金钟山为龙头的旅游景区充分利用地方风物景观、挖掘地方养生理念、发掘福寿元素打造具有地域特色的休闲养生旅游胜地。桂林金钟山旅游度假区,是国家4A级景区,位于永福县罗锦镇,它远离都市喧嚣藏于茂林幽谷中,静谧悠然。这得益于精英们对福寿文化根基的认同,选择一片福地,打造养生休闲度假空间。游客来购买的不仅是品质服务更多时候是消费福寿养生文化。从度假区的景点命名及其功用,其实可以窥见度假区价值符号都蕴含着明显的"休闲养生"理念。比如永福天然温泉。温泉的出水口温度常年均可达到50多摄氏度,水量充足富含大量矿物质。为了推陈出新,实现温泉样式多元化,推出有牛奶泉池、玫瑰泉池、辣椒泉池等以满足追求养生与养颜的游客之需。此外,还有盐池、鱼疗池、福禄寿池等沐浴池,其实这都是为了让游客能够与地方优质的水有一个亲密自在的接触,疏解疲劳体会生活之乐。除了帮助游客释放身体疲劳外,也让游客领略地方景观进一步感受永福的地质奇观,如永福岩洞,乾龙天坑。景区内的景点是各具特点的，但是它们又是服务于同一个文化概念的，即"休闲养生"，最后也是归属于"福寿"文化上的。因此，景区在打造旅游空间时也在融入文化要素，更是竭力将吃在永福、住在永福、游在永福、购在永福、乐在永福在这一空间中有秩序地实现。

文商旅融合纵深发展路子。首先实现的就是将地方文化予以资源化与价值化，其次就是让美食嵌入养生绿色、原汁原味的概念，再者就是发掘地方特色避免同质化，最后将这些资源进行整合利用。诚然，商贸与非遗交融是实现共生发展的契机，也是文化赋能经济发展的重要路径。非遗物化成为产品这是非遗融入日常的基本方式，但是非遗文化背后滋养着人们精神需求的基因也同样始终值得弘扬。永福县地方文化价值的挖掘与重塑坚定地围绕"福寿"展开，经过地方十多年来的努力，已初见成效，如何朝着高质量发展是当下与未来行进的方向。

三、文化自信与经济发展

文化与经济是时代发展过程中关系紧密的存在，它们之间并非只是决定作用与反作用的关系，更多时候呈现出来的是水乳交融的共生关系。许嘉璐就曾指出："没有文化的经济无异于空中楼阁。没有文化的经济再发达也是建在沙滩上的高楼大厦，一旦局面有临时性的变动，就会像脚底下的沙子一样流走。"真正要实现中华民族伟大复兴，文化与经济在综合国力中的重要地位势必要凸显与强化。

（一）文化自信何以可能

文化自信不是文化口号喊得响亮便彰显了文化自信力，文化自信归根到底是文化认同。文化认同最直接的表达就是文化精髓融通在日常生活中，始终被珍视，被尊重，乃至被创新发展。每一个地方都有属于自己的本土文化基因，这是经年累月的结果，更是在岁月更迭中生成的历史记忆，对本土文化扬弃地传承是对不同地域文化的尊重也是文化自信的彰显。如何做到文化自信？这很大程度要回答的是这样一个问题，即如何提升文化软实力建设效度。这就给文化软实力建设提出了要求，而坚持文化软实力建设的本土化便是最基本且重要的路径之一。

永福县坚持"福寿文化"建设，这是文化软实力建设的突出表现。过程中坚持保护和发展本土文化，对散落民间的出彩的、具有地方影响力、富含深刻教化作用的文化进行了挖掘、拾掇、整理。这种行为有助于增强人们对本土文化的再认识，最为深刻的意义则是表达了守住与发扬本土文化的立场。如何引导地方群众拥护自己的本土文化，并且在依托本土文化促进乡村振兴过程中，让文化活起来，流动起来，使其得到不断的发展与提升，这是文化软实力建设的重要方面。

众所周知，福寿文化是永福一张亮丽的名片，也是地方极力打造的文化品牌。每次对这张名片进行整饰都在给它增加文化厚度，故而文化积累造就了福寿文化的厚重。地方志书、摩崖石刻，它们无不告诉世人这样一个事实，即福寿文化在永福是有历史根基的。为了让福寿文化被标识化成为地方标志性文化符号，地方精英创造发明了福寿节。他们运用节庆这个载体，对地方福寿元素、福寿核心价值观念进行了提炼，让福寿文化具象化，最重要的是让其以新的姿态重新回归大众视野，引起共鸣，而后滋养着当下的民众，提升民生福祉。

敬老孝老是福寿文化的根基也是需要延续的传统。福寿节的精髓就是秉承敬老孝老传统，这是福寿节充满烟火气、充满人间温情的表征。福寿节自然地成为对外传递中华传统美德的窗口。每年的福寿节内容有变与不变，始终不变的就是敬老孝老的本质。相关部门带头走到群众中去找寻寿星、孝星，挖掘他们福寿的密码，形成丰富的口述资料，但是需要对其进行重塑并且加强传播与弘扬，以此反哺地方伦常秩序的建立。地方相关部门日复一日地坚持引领地方群众关爱老人孝顺长辈，乡村孝老敬老风气得以浓烈地开展。这是对地方传统美德的认同与实践最好的写照，文化自信莫过于践行自己的文化，并且让这些优秀的文化刻在骨子里，表达在日常言行中。诸如营造敬老孝老的文化氛围，打造敬老孝老文化空间，重述敬老孝老的故事，让永福敬老孝老文化展演多元化，引领全国敬老孝老风气，成为中国敬老孝老典范。

永福养生产业链的建立，是对地方自然与人文资源的认同，更是实现其经济价值的重要路径。但是如果借鉴外来文化因子时脱离了本土资源便会失去本土特色，也未做到真正地在文化软实力建设过程中发挥本土化资源优势。如此更不能体现对本土文化的认同，甚至一定程度上反映了对本土文化的不自信。永福有天然的自然环境优势、有优质的福寿叙事资源、有众多长寿老人坐镇、有富硒食材等，这些先天优势为永福养生产业链的建构提供了足够的底气，以支撑产业的发展。如今多个无公害生产基地生产出的养生产品流通于市场，诸如永福罗汉果、西红柿、柑橘、葡萄酒、三皇紫花红薯、富硒灵芝等养生食品，营销过程中"绿色、养生"始终贴在这些商品上，这些信心多半源自它们出自无公害基地，培护技术方面也始终坚持品质至上。永福基础条件的优越一方面是大自然的赐予，还有一方面就是前人对资源的合理利用与保护，这才给了后代继续利用与发展的空间。近年来，粮食安全变得尤为重要，重视良田保护，从源头上保证粮食品质这是国之大事。永福县一直重视粮食生产，尤其是大米生产。涌现了很多知名品牌，比如永福香牌、绿禾牌、思苗牌，它们产量喜人年产量超万吨。这不仅满足了永福百姓的消费需求，还销往全国各地深受各地同胞们喜爱。产品品质需要一直维系并且不断提质保量，背后不仅需要有技术做保障，还需要投入大量的人力、财力，更需要良知。地方百姓常说种良心稻谷，种良心菜等等，在作物面前都加上良心二字，这表明了在百姓眼里，物的品质与背后的人的人性有着密切的关系。这就需要加强民族精神的培育，提升国民素质，助推物质产品生产规范化理想态结果的实现。可见，需要进一步去挖掘地方优秀的传统文化，让这些规训法礼能够塑造全新的生活图景，满足地方社会对精神文化的需求，最重要的是让普通百姓能够理解自己的文化，并且汲取其中的营养，让自己的生活过得更加如意美好，井然有序。这是经验智慧流传的意义，也是后人挖掘前人慧根的动力。

讲好福寿文化，办好养生产业，这是实现福寿文化意义再生产的重要路径。这一过程需要确保福寿文化核心价值观念的不变质、不变味，也就是要遵循文化的基本底色，即真、善、美。真正意义地做到守护本土文化精髓，弘扬本土文化精华，使其滋养出更多福寿之人。通过福寿故事赋能养生产业，使养生产业富含浓厚的人情味。

福寿节期间俄罗斯客人体验农家生活（永福县福寿办供稿）

（二）文化与经济关系的再认识

文化与经济的关系纯然不是单向性的关系，已然成为一组共生关系。无论是文化经济化抑或经济文化化的现象都表明两者交融的关系。

现如今无论是国际还是国内层面，经济发展都呈现出文化与经济一体化的发展趋势。开发文化的经济潜力俨然成为现代消费社会发展的内在要求。为了促进中国式现代化的实现，更是需要将政治、经济和文化有机统一起来合力发展。如何形成合力，还处于不断实践不断探索阶段。永福为了全面实现乡村振兴，狠抓文化与经济振兴工作。从2006年起创建永福福寿文化节，福寿节逐渐发展成为永福的文化招牌，永福福寿节不仅如传统节庆一样发挥着社会文化功用，还是提振地方经济发展的重要法门。永福经济发展的不竭动力源可以毫不夸张说离不开本土文化的振兴与发展。主要是因为永福以福寿为核心文化，体现的是中华民族优良基因，容易增进社会的共识得到民众的认同。这是本土文化潜在的巨大经济能量。

永福县政府一直致力于开发文化的"文化力"，实现文化经济价值化和文化与经济的共生发展。多年来，他们不仅坚持召集专家学者对地方文化进行挖掘整理研究，支持地方文化丛书的出版，还鼓励非物质文化遗产申报、中国长寿之乡的申报，真正做到了一边竭力地方文化的重构工作，一边激发社会精英开发具有地方特色的文化产业的热情与潜力。其间更是提供帮扶政策，为文化经济的发展扫清诸多障碍，让文化得以复兴的同时带动了经济的多元化发展。其实一直以来，地方都在凝练福寿理念方面持续深耕，为的是提高民众的整体素养，让优质文化氛围在永福空间得以弥漫，最重要的是将其刻在民众的骨子里，如此集结起来的精英自然也是被文化熏陶的个体，这些人在追逐个人或团队利益之余，福寿之乡的氛围感会激发与培养甚至鼓励他们富有公共精神的动机，将其融入了养生产业建设之中，会使产业更富有道德情操。当全民为福寿之乡荣誉感到自豪、满足、激动的时候，依托于地方资源发展起来的产业会更具使命感。如果这一文化能够不断强化并且渗透人心，生活所需的产品的生产全过程的规范化、安全化、高品质化会趋向常态，这会促使新一轮福寿文化的意义再生产。

文化与经济关系的再认识，不能仅局限于剖析两者之间互相影响的关系以此凸显它们之间紧密性。重点在于对两者关系有一个清晰的认识，最后目标是要处理好它们之间的关系，让两者更好融通最后合力共促社会的繁荣发展，提高民众的幸福感。这始终是文化经济行为的宗旨。一旦文化与产业捆绑，就意味着必须对文化提出新的创新要求，需要对文化进行扬弃地继承与创新地发展，要在传统与现代之间寻求联结，这样才能在调适后的文化指引下激活文化产业的活力。永福县委、县人民政府在引领文化重构过程中寻找文化的经济属性，引导地方民众大力开发与运用优势资源发展自我，他们的实践本身也属于文化创新性发展创造性转化的鲜活案例。

简言之，文化与经济联动发展是一种特殊的经济形态，解析两者的共生关系、互动形式以及一体化进程，最终都是为了更好理解两者之间的张力，更为重要的是要实现人与自然、人与人的和谐共生，坚守道德情操与物质利益和谐发展的路子。让产业里面充斥着传统美德，弥漫着人情味，从而实现经济的可持续发展。这也是永福文化产业秉持的理念。

福塔同辉（吕杰 摄）

（三）新经济形态：文化创意产业发展

随着信息技术的发展，数字赋能文化创意产业发展成为一种新的经济发展趋势。永福文化产业发展也应顺应时代的技术变革，获取新的发展空间。在这样的大背景下，激发本土资源发展创意产业，推动创意经济发展，变得尤为重要。

永福文化产业多元发展还处于探索阶段，要想将本土优质文化本身转变成为经济增长方式的重要抓手，满足民生对高质量文化产业的需求，需要有强有力的力量引导。这也决定了整个新的经济形态的建立，需要"政府在场"，需要组织具有专长的人，科学专业地搜集原创作品，这是最为基础又最关键的一环。只有具有洞察力、感悟力、敏锐性的人才能更好地完成这一任务，而这需要有大格局、大视野的人操持。因为，创意产品依赖于原创作品，原创作品本身品阶就显得非常之关键。一定程度说明，原创作品的挑选与整理与选择文化的主体所具备的才华有密切关联。

经过文化大调查，永福选定福寿价值符号作为地标性文化品牌，除了上述提到要重视地方优质文化的整理外，还需要对原创作品做学术阐释，讲好讲活福寿文化扩大其影响力，并组建具有创造力的精英团队开发原创作品，将创意转化为消费产品供给市场。这些方面于永福而言还有巨大的发展空间。关于讲好讲活福寿文化，不是简单地复述地方各种表达，口述表达背后的深层次意蕴更需要被认知与传播。毕竟文化的认同不是表达的形式，很大程度上是语言文字背后的生存智慧与人生哲理的挖掘，这也是引发民众共鸣的内容。这并不是说口述资料不重要，地方声音的拾掇始终是文化产业发展的重要基础，它的重要性不言而喻。只不过不同阶段的主要矛盾不一样，重点观照的对象自然会有差异性。回顾永福核心领导班子在文化整理工作上做出的显著成绩，有理由相信，永福文化必将迈向更高层次的发展与升华。如此便能为创意提供不竭的灵感，为创意产业的有序且高质量发展奠定良好的基础。

关于创意产业生产问题，这是创意经济领域中一个不容忽视的存在。如何让本土文化富有创意得以发展，形成具有认同性的创意经济？这无疑是解决赋予传统以新活力新力量的新路径。一座城市文化如果丝毫不注重创新，不留给创意一定的自由度，极可能会在信息化时代，在推崇创造力的时代滞后于重视创新创意产业发展的城市。永福要在这样的时代背景下发展出具有自己的支柱性文化产业，有一点非常重要就是"培育能够吸引人们的注意力的文化产业"，人们的注意力的收拢意味着认同达成，而认同极易引发消费，这也就为经济增长提供了可能。永福福寿文化是具有吸引人们注意力的潜力的，但是如何把福寿文化故事讲好，如何扩大其影响力，同时让福寿文化落地，让民众在永福体验到福寿文化的精髓，使其内心变得开阔，压力得到释放，真正在永福的养生产业中流连忘返。简言之，就是让福寿从概念转变成一种切实的生活模式，即让人们在永福体验能够使其健康愉悦且净化心灵这样一种全新的生活模式。最后还有一点值得注意，就是创意产品的文化表现形式要符合甚至超越消费者的审美需求，这是吸引民众注意力的重要手段。

众所周知，新的经济形式的开拓是促进经济增长的惯常操作。每个时代都会有一批有识之士肩负使命开拓创新。即便形式越来越多元且新颖，但是长久的经济都有着出奇一致的共性，就是关注人的需求，满足人的需求，始终以人民福祉为中心。永福要做好贯通的大文章，让福寿精神延续，最重要的是要让"福寿"照进现实，滋养民众。

崇山古村新貌（关琰　摄）

第六章　福寿永继　风光无限

前面这五章，为走过十二年的永福福寿节的历史轨迹做了全方位的记录和分析。我们通过以上激扬文字了解了拥有福寿、挚爱福寿、弘扬福寿的永福县，了解了为何办节，如何办节，办节如何。古人读书曾有"左图右史"之说，为此，我们不再用多余的文字赘述，而是以图片形式向各方朋友展示永福之福，百寿之寿，绿水青山，金山银山，向关爱永福的朋友们献上福寿节和福寿之乡的视觉盛宴。

一、盛况空前

第一届福寿节开幕式现场（陶涛　摄）

开辟千年今再现：广西永福福寿节回望

五彩礼花贺福寿（吕杰 摄）

千人变脸（黄泽治 摄）

奋力拼搏（王明耀 摄）

102

第六章 福寿永继 风光无限

万人福寿操（唐庆甫 摄）

开辟千年今再现：广西永福福寿节回望

龙狮共舞（李 群 摄）

风调雨顺（张桂发 摄）

出发（张桂发 摄）

滑轮表演

第六章　福寿永继　风光无限

山村节日（陶　涛　摄）

文化交流（唐庆甫　摄）

快乐徒步群（黄泽治　摄）

西江戏水（黄福辉　摄）

祭拜（粟燕萍 摄）

二、特色活动

（一）盛世金秋千叟宴

2006年10月首届福寿节开幕式"盛世金秋千叟宴"，由1199名70岁以上的健康老人，围坐在200张方桌前，组成一个长68米、宽37米的巨型"寿"字，品尝福寿菜系千叟宴，观看开幕式晚会。场面恢宏温馨，老人们脸上无不洋溢着幸福和快乐。"盛世金秋千叟宴"既体现了永福人民敬老爱老的传统美德，又充分展示了福寿文化的魅力，活动获得"上海大世界基尼斯纪录"。

唐庆甫 摄

第六章 福寿永继 风光无限

杨志德 摄

张桂发 摄

开辟千年今再现：广西永福福寿节回望

唐庆甫 摄

（二）关爱长寿老人

福寿文化敬为先，每一届福寿节都承载着敬老尊老爱老的传统美德。评选出"十大寿星"，邀请长寿老人参加福寿节系列活动；积极筹集资金，表彰和关爱长寿老人，树立典型、激励后人。

张桂发 摄

为百岁老人捐款（龚然辉 摄）

第六章 福寿永继 风光无限

（永福县福寿办供稿）

张桂发 摄

张日斌 摄

日本客人探访百岁老人（永福县福寿办供稿）

开辟千年今再现：广西永福福寿节回望

蔡洪光专家（后排左二）等探访百岁老人
（永福县福寿办供稿）

高高兴兴赴宴（张桂发 摄）

（永福县福寿办供稿）

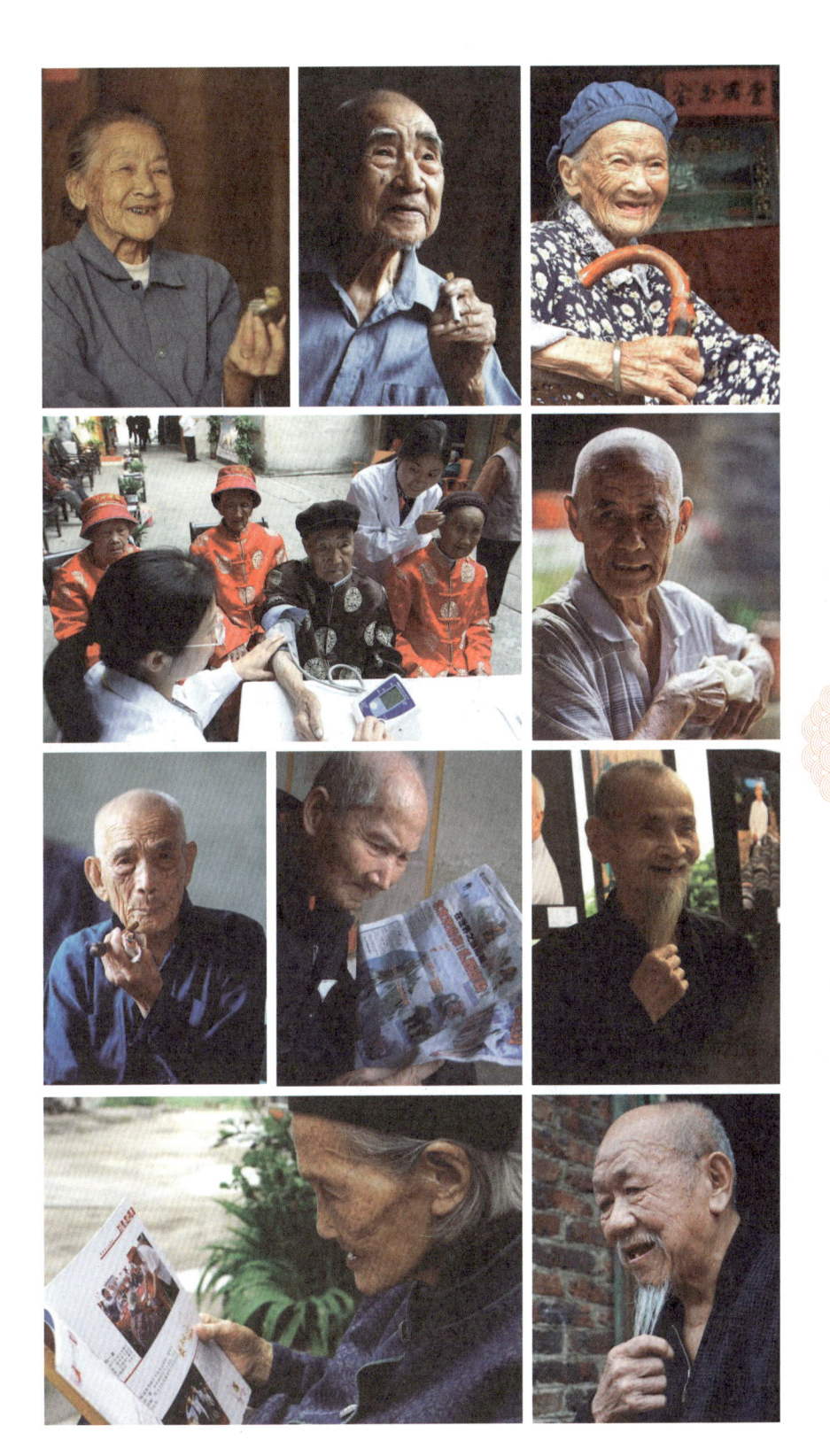

第六章　福寿永继　风光无限

（永福县福寿办供稿）

（三）万人福寿操

2007年10月19日第二届福寿节期间，1.5万永福各族群众齐聚福寿广场，举行了由永福人创立的养生保健操——福寿操表演，其中825名老年习操者在广场中心排成一个大红"福"字，共同祈福2008年北京奥运会成功举办，以万民同乐齐做操的方式庆祝中国传统节日重阳节。活动气势恢宏，寓意深远，既包含传统韵律，又富有时代意义。

（永福县福寿办供稿）

◀ 张桂发 摄

唐庆甫 摄 ▶

第六章 福寿永继 风光无限

莫文军 摄 ▲

唐庆甫 摄

黄泽治 摄

113

做完福寿操，留张全家福
（唐庆甫 摄）

（四）千人变脸

变脸绝活在永福县民间有着历史传承和群众基础，相当部分的市民非常热衷参与。经过在全县推广变脸技法后，2008年10月第三届福寿节期间，1200多位民间艺人和永福市民在开幕式上共同表演中华绝活——千人变脸活动，并组成一个大大的"泰"字。场面气势恢宏，技法惊艳，活动获得"上海大世界基尼斯纪录"。

黄泽治 摄

第六章 福寿永继 风光无限

黄泽治 摄

龚然辉 摄

115

（五）奥运万岁卷

永福县是首批命名的"中国长寿之乡"，这里历史悠久，物华天宝，长寿老人众多。2008年恰逢中国成功申报并举办第29届北京奥运会之际，百年奥运，中国梦想，长寿之乡，激情迸发，寿乡永福101位年纪95岁以上的长寿老人，年龄之和超越万岁。他们以饱经沧桑之手，掌印成幅，签名留痕，这是寿星们攀登人生长寿高峰的历史印痕。画卷中的奥运标识里镶嵌着寿星们的肖像。这样年龄的掌印，这样年纪的目光，深切地表达了对祖国盛世的美好祝福。中国加油！奥运万岁！

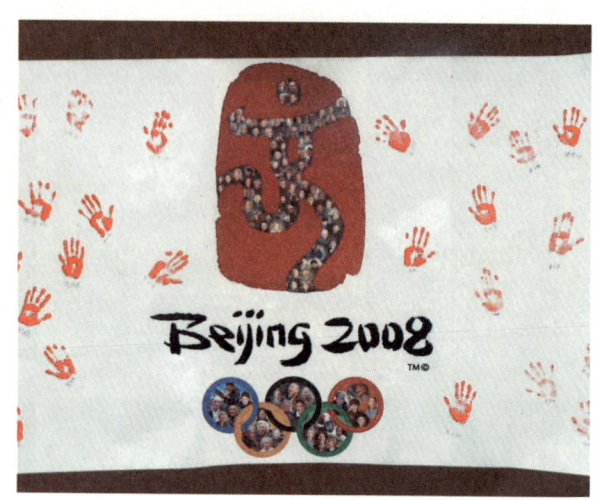

（永福县福寿办供稿）

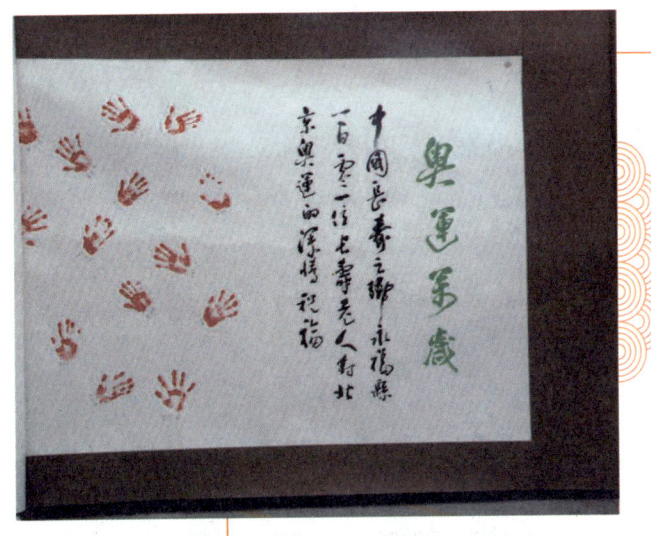

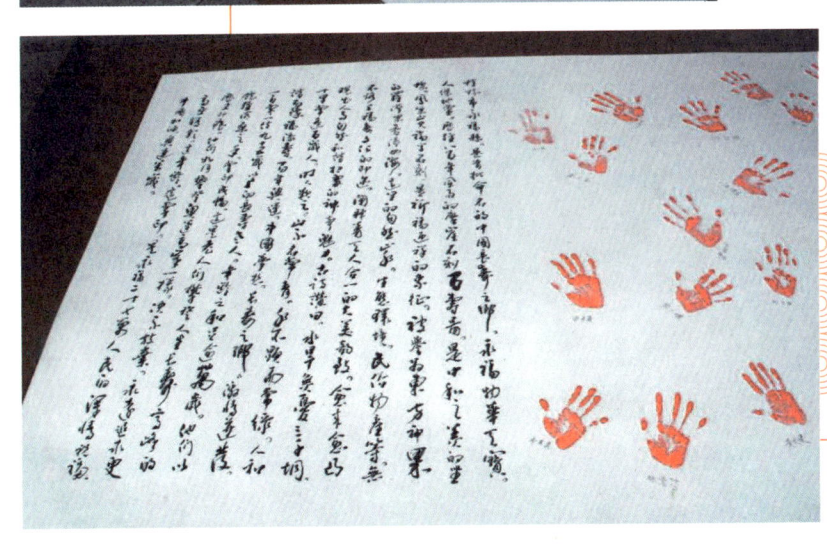

第六章 福寿永继 风光无限

（永福县福寿办供稿）

117

（六）走向金婚，分享幸福

在第十一届福寿节上，"走向金婚话幸福"——66对（国际）集体婚庆典礼，66对夫妇包括永福本地金婚夫妇36对，深圳宝安区福永街道不同婚龄夫妇20对，国外不同婚龄夫妇10对。婚庆活动中，漂流美丽的西江、体验长寿老人生活、共同分享幸福婚姻的秘诀和参加金婚庆典晚会等。婚庆活动温馨浪漫、快乐幸福。

张桂发　摄

第六章　福寿永继　风光无限

轻舟载满幸福（梁月红 摄）

（七）乡村车模秀

第十二届福寿节，50多辆小车，200多位年轻的乡村车模，他们从福寿广场集结出发，穿梭在美丽的乡村田野，来到崇山古民居新村广场进行走秀表演，他们优雅的气质、不俗的才华、幽默的言语、淳朴的表演，成为本届福寿节的新亮点。

张桂发　摄

启动仪式（张琳　摄）

自驾车拼成"永"字（张琳　摄）▲
自驾车拼成"福"字（张琳　摄）▶

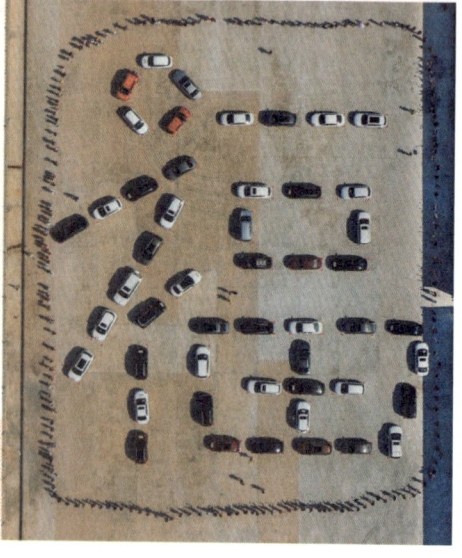

第六章　福寿永继　风光无限

自驾车拼字晒"永福"（张琳　摄）

开辟千年今再现：广西永福福寿节回望

张桂发 摄

乡村车模赛（张日斌 摄）

乡村车模赛（张日斌 摄）

张桂发 摄

122

第六章 福寿永继 风光无限

乡村车模才艺展示
（林基燕 摄）

▶ 张桂发 摄

（八）女子旗袍秀

福寿之乡天仙降，风姿绰约秀步来。

唐恕 摄

123

开辟千年今再现：广西永福福寿节回望

▲ 唐艳梅 摄

▲ 卢明 摄

▲ 唐恕 摄

▲ 李忠波 摄

124

第六章　福寿永继　风光无限

李忠波　摄

陶涛　摄 ▼

▲ 唐恕　摄

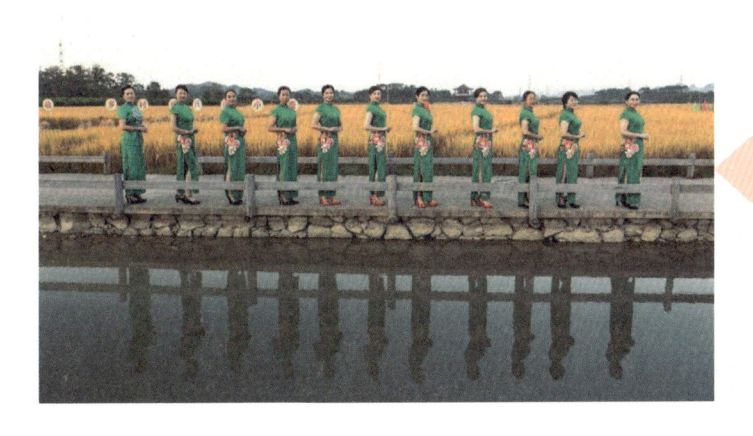

卢明　摄

开辟千年今再现：广西永福福寿节回望

刘教清 摄 ▲

卢明 摄 ▲

全秋明 摄 ▲

陶涛 摄 ▲

◀ 李忠波 摄

126

（九）活动集萃

每一届福寿节都有新的亮点、感人的记忆、精彩难忘的瞬间……

首届福寿节颁发农民才艺大赛奖

五彩礼花贺福寿（秦顺德 摄）

荣获上海大世界基尼斯授匾

亮丽的背影（王明耀 摄）

开辟千年今再现：广西永福福寿节回望

张政主持节目

韵（王淑霖 摄）

唐庆甫 摄

刘三姐黄婉秋与阿牛还有她女儿回家乡献唱

第六章　福寿永继　风光无限

孔太演唱养生歌（唐庆甫　摄）

锣鼓喧天庆丰收（唐艳梅　摄）

佟铁鑫演唱

乔羽之子乔鲸与孔太

开辟千年今再现：广西永福福寿节回望

黑鸭子组合

朱桦前来助兴

变脸表演

刘宁 摄

130

第六章　福寿永继　风光无限

增殖放流仪式（张桂发　摄）

刘卉芝　摄

131

开辟千年今再现：广西永福福寿节回望

养生美食大赛（龚然辉 摄）

（永福县福寿办供稿）

第六章　福寿永继　风光无限

张桂发　摄

黄粤川　摄

骑行秀丽风光中（黄春波　摄）

李小林　摄

开辟千年今再现：广西永福福寿节回望

黄泽治 摄

谢继友 摄

胜利者（陈毓林 摄）

永福真棒！（龚然辉 摄）

第六章　福寿永继　风光无限

张桂发　摄

开辟千年今再现：广西永福福寿节回望

王明耀 摄

全丽娟 摄

文小妹 摄

陈毓林 摄

136

第六章 福寿永继 风光无限

有故事的游行(黄泽治 摄)

上刀山(刘宁 摄)

137

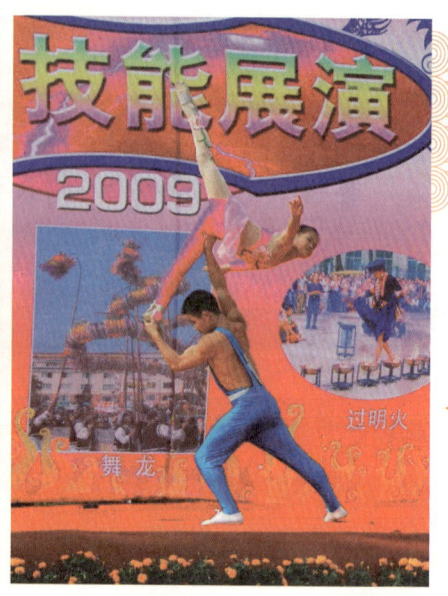

开辟千年今再现：广西永福福寿节回望

周定莲 摄

蹈火者（周定莲 摄）

莫文军 摄

第六章 福寿永继 风光无限

稻田抓鸭（莫春明 摄）

稻田抓鸭（莫春明 摄）

稻田抓鸭（卢明 摄）

稻田抓鸭（莫春明 摄）

胜利者（石凤英 摄）

开辟千年今再现：广西永福福寿节回望

龚然辉 摄

陈毓林 摄

舒军忠 摄

关海芳 摄

第六章 福寿永继 风光无限

王明耀 摄

黄泽治 摄

张日斌 摄

冯杰 摄

开辟千年今再现：广西永福福寿节回望

三、福寿胜景

梦中的家园——永福（赵祖勇 摄）

崇山夕照（黄莲英 摄）

穿岩古道（王松 摄）

永福县城风光（黄泽治 摄）

第六章 福寿永继 风光无限

绿水青山（陶涛 摄）

水旱无忧三千峒（唐庆甫 摄）

竹林深处（陶涛 摄）

永宁州古城门（王松 摄）

开辟千年今再现：广西永福福寿节回望

板峡湖飞瀑（黄福辉 摄）

▲ 筏上小憩（莫文军 摄） 　　▲ 古村新貌（王淑霖 摄）

144

第六章 福寿永继 风光无限

▲ 大山深处有人家（黄福辉 摄）

▲ 永福的香格里拉（江勇 摄）

▲ 乡村景韵（莫文军 摄）

▲ 渔歌（黄福辉 摄）

145

附录

附录一

《北京老年病医学研究所第一次考察报告》（摘要）：

一、科学考察的目的

2008年7月至2008年8月卫生部（2018年组建国家健康委员会）老年病医学研究所开展了对广西永福县长寿老人的横断面流行病学抽样调查，通过双来源登记方法对永福县五乡四镇的长寿老人年龄数据进行重新登记确证，全面调查和系统阐明广西永福长寿区长寿老人人群学分布特征，长寿人口的地理分布特征，分析了长寿人口分布区域的差异，以期为下一步针对性环境、遗传因素的研究提供理论依据及起到指导性的作用；同时调查长寿老人的表型综合信息，了解并评估长寿老人的健康状况，以期为各乡镇长寿老人的医疗保健工作提供指导性的意见；通过调查结果分析，探索永福长寿区的特点。

广西永福科考调查主要集中于堡里乡、广福乡、龙江乡、三皇乡、永安乡、百寿镇、罗锦镇、苏桥镇和永福镇九大乡镇。本次科考调查的主要指标侧重于四个方面：1.长寿老人的基本信息（性别、民族、工作及教育程度等）；2.长寿老人长寿的表型综合信息（皮肤、皱纹、形态学特征等）；3.密切关注长寿老人的健康问题（生理性指标、患病及治疗情况）；4.长寿老人的环境、遗传学特征信息。

二、科学考察的结果

本次科考调查85岁以上老人750名，其中男性259名，女性491名，男女比例约1：2。调查90岁以上老人314名，百岁老人25名。调查的老人大多数为汉族（占93%），从事的劳动主要是农业生产（占89%），由于时代原因受教育程度普遍不高，接受小学教育的老人不到15%。

随着年龄增大，长寿老人的一些生理指标低于普通老人，平均身高为150 cm左右、平均体重约40 kg、平均腰围约70 cm，平均臀围约70 cm，长寿老人生理指标低于普通老人，一方面可能是增龄引起的，另一方面也可能是长寿重要的生理表现，促进健康长寿的原因。长寿老人的循环、呼吸系统生理指标正常，平均心率80次/分钟、平均呼吸频率21次/分钟，表现了良好的代谢状态。但长寿老人的血压普遍升高，主要是收缩压升高较为明显，平均值达到160 mmHg，舒张压平均值为80 mmHg。

通过调查长寿老人的表型特征信息进一步了解长寿老人的身体健康状况。随着年龄增大，会伴随着一些衰老的痕迹在机体上表现，如皮肤的弹性光泽、色斑的大小深浅、头发的黑白、步态、声音、听力等。科考发现，这些指标在长寿老人身上表现不是十分明显：皮肤仍保持有良好弹性、润泽的老人占50%；皱褶浅的老人占30%；色斑较少（50%）较浅（60%）。老人大多数白发（占80%），但仍有18%的老人黑发；有40%老人行走不便步态不稳，但大部分老人仍能正常行走或从事简单的劳作；80%的老人声音较为洪亮。由此可见，长寿老人老龄化的过程缓于普通的老人。

随着衰老的进程，机体老化最先表现在神经系统，如听力和视力下降、记忆力减退、交流障碍、协调性不好等。因此，神经系统的表型也作为调查的重点。科考发现，60%的老人视力良好，能清楚地看清物体，甚至有的老人能穿针引线；老人的听力下降比视力明显，但仍有50%的老人能听清大声说话；40%的老人能回忆较久远的事物，50%的老人能记住近期的事物，老人的记忆力良好；80%的老人能进行正常的交流，精神状态良好。50%的老人协调性较强，80%的老人都有膝腱反射，而也有50%的老人存在肢体感觉障碍。调查表明，老人的精神状态良好，神经系统重要的机能退化不明显。

最后是对长寿老人的疾病状况以及医疗状况进行调查，长寿老人平均患病0.5次/人年，70%的老人一生无严重疾病，而患病的老人，疾病主要集中在心脑血管、呼吸道疾病和一般性的疾病，心脑血管疾病占20%，一般性疾病占30%。80%的患病老人疾病都得到有效的治疗，卫生条件较好。

永福县长寿区的环境特点主要是：（1）自然环境优美。（2）空气质量清新。

（3）饮水质量好。（4）食物中富含硒、锌、铁、锰、锶、钴等人体必需的微量元素。（5）人文环境祥和，民风淳朴，相处和睦；愉悦的心情和安定的生活，有利于老人的身体健康，延年益寿。永福县人口长寿水平的社会经济环境因素分析结果表明，老年人居住地的气温、气候、经度、土壤类型以及粮食作物类型等是影响区域人口长寿水平的主导因素。

三、科学考察的结果意义及评价

1.长寿老人各乡镇地理的分布特征

永福县西南方的三皇乡、百寿镇、永安乡三个乡镇长寿率最高，中部的永福镇、广福乡、堡里乡次之，北部、东部长寿率最低，构成了南高北低纵向走向，由西至东逐渐降低横向的特点。

2.长寿老人人口构成未来发展趋势预测

根据各乡镇90岁以上长寿人口构成，可粗略预测在未来一段时间内，各乡镇长寿老人比例仍存在差异，但总体长寿率、百岁率将增加。

根据两个年龄段人口构成的特点，三皇、堡里两镇为一类；百寿镇、广福乡、永福镇为一类，罗锦镇、龙江乡、苏桥镇为一类。

3.如何合理评价长寿老人的生理指标，我们采用聚类分析的统计方法，对这些指标进行综合分析，得出体重、腰围和臀围为一类指标，反映长寿老人的肥胖程度；身高为一类指标，反映身体的老化过程的变化；收缩压、舒张压、心率三个指标反映长寿老人的循环代谢指标，为今后对长寿老人的生理指标的评价有一定的参考意义。

四、科学考察的结论

1.2008年广西永福长寿老人概况的科学考察证实：2008年广西永福县90岁以上长寿老人有505名，百岁老人29名，长寿率为174人/10万，百岁率达10.6人/10万。根据中国长寿之乡评定标准，永福县为名副其实的长寿之乡。

2.各乡镇的长寿情况存在差异，最高为三皇乡长寿率289.0人/10万，百岁率48.2人/10万；其次为百寿镇长寿率220.8人/10万，百岁率15.1人/10万，远高出世界长寿之乡7人/10万的人口标准。南高北低、东高西低，并呈递减趋势的地域间差异，这种差异究竟是何种原因造成，是否与当地的环境因素、经济条件、遗传因素等因素有关，有待进一步研究，同时为下一步研究提供了理论方向。

中国长寿之乡评定标准及永福长寿评估

项目	指标	评估
地域	县(市)级或大城市区级以上	永福县
总人口	10万以上	28万
百岁比	每百万人口中有70位以上百岁老人	106/100万
	每百万人口中有850位以上90~99岁长寿老人	1740/100万
后备比	每百万人口有2650位以上80~89岁高龄老人	23330/100万
速度比	90~99岁长寿老人人口是百岁老人人口的50倍以上	17.2
	80~90岁高龄老人人口是百岁老人人口的600倍以上	220.1

3. 永福长寿区后备比为23330/100万，表明该长寿区将保持稳定，百岁人口比例将继续增加，因速度比不高，增长速度可能慢而稳。各乡镇长寿变化趋势各异，但总体向长寿率增加的趋势发展。

4. 根据长寿老人的表型信息及各项生理指标，表明长寿老人的健康状况良好，患病率较低，永福长寿区现象是一种智能长寿。长寿老人的血压值普遍增高，可能与增龄或生活方式有关。心血管疾病及胃肠道的患病率较其他的疾病常见，血压值较高可能是心血管疾病常见的一个因素，建议医疗保健部门加强对长寿老人心血管疾病的保健工作，保证长寿老人的健康。

5. 永福县优良的环境、独特的地质条件、优良的水质、丰富的物质条件及良好的经济水平和永福的福寿文化氛围是形成永福长寿区的自然环境及人文环境因素。

附录二

《北京老年病医学研究所第二次考察报告》（摘要）：

【前言】本次考察对象134人，其中长寿对象（年龄≥90岁）71人，健康对照人群63人（年龄20~60岁），从个人一般信息，虚弱指数计算，日常生活活动能力，生活质量评估，食物摄入频率以及日总热量摄入和热量消耗几个方面进行调查，得出数据及统计分析结果如下

【结果】

一、一般信息

以性别（男，女）分组，从以下18个方面了解长寿人群的一般信息之间的差异：视力，听力，记忆力，协调性，驼背，扶拐，步态蹒跚与否，声音是否洪亮，阅读，皱褶深否，皱褶密否，色斑多否，色斑深否，头发黑白，头发疏密，皮肤弹性，皮肤水分，皮肤光泽。其中差异具有统计学意义的项目见表1。

表1 男、女长寿人群的身体指标的差异

指标	男 %	女 %	p 值
听力良好	78.9	42.3	0.016
协调性强	94.7	64.6	0.012
不驼背	73.7	36.5	0.005
步态规则	73.7	34.6	0.003
声音洪亮	73.7	42.3	0.019
可阅读	26.3	3.9	0.005
褶皱疏	52.6	25.0	0.028
皮肤有弹性	63.2	34.6	0.031

以长寿与否（长寿，健康对照）分组，从以下19个方面了解总体人群的一般信息之间的差异：性别、文化程度、职业、本地居住年限、吸烟、已戒烟、开始吸烟年龄、戒烟时间、运动情况、每次运动时间、每次运动量、出生体重、体重增加情况、身高、体重、腰围、臀围、脉搏、大便情况。其中差异具有统计学意义的项目见表2。

表2 长寿与健康对照的一般信息概况表

指标	长寿 %	对照 %	p 值
文化程度			
文盲	62.0	20.6	<0.001
小学	31.0	39.7	
初中	4.2	30.2	
中专/高中	1.4	4.8	
大专以上	1.4	4.8	

（续　表）

指标	长寿%	对照%	*p*值
运动情况			
经常	31.0	68.3	<0.001
一般	23.9	15.9	
少	45.1	15.9	

以长寿与否分组（1= 长寿，0= 健康对照）比较，具有显著性差别的结果，见表3。

表3　长寿与对照比较具有显著性差别的指标

指标	组别	人数	平均值	标准差	*F*值	*p*值
本地居住年限，年	0	62	37.92	19.127		
	1	69	77.99	25.107	103.754	0.000
	Total	131	59.02	30.077		
与自己相比体重增加kg	0	7	4.29	5.671		
	1	2	−27.50	10.607	36.020	0.001
	Total	9	−2.78	15.318		
身高cm	0	63	153.93	7.316		
	1	71	146.58	11.745	18.370	0.000
	Total	134	150.04	10.542		
体重kg	0	63	52.42	8.679		
	1	71	40.85	9.679	52.508	0.000
	Total	134	46.29	10.863		
臀围cm	0	63	92.65	6.991		
	1	70	87.52	6.937	18.049	0.000
	Total	133	89.95	7.398		
大便次数/日	0	61	1.07	0.418		
	1	71	0.85	0.405	8.795	0.004
	Total	132	0.95	0.423		

二、虚弱指数

以长寿与否（长寿，健康对照）分组，比较虚弱指数 92 个项目之间的差异，其中具有统计学意义的 12 个（10.87%）项目见表 4。

以长寿与否（长寿，健康对照）分组，用三种不同的统计方法分别比较虚弱指数的结果，其差异均具有统计学意义，p 值均 ≤ 0.001；用两种不同的统计方法分别比较研究对象虚弱项数之和，其差异亦均具有统计学意义，p 均 <0.001。

以性别（男，女）分组，比较长寿人群虚弱指数的结果，其差异具有统计学意义，p=0.004。

表4　长寿与对照比较具有显著性差别的虚弱指数指标

指标	长寿 %	对照 %	p 值
肌肉体积减小	18.31	0	<0.001
四肢运动缓慢	16.90	0	0.001
独自外出困难	11.27	1.59	0.02
运动功能受损	9.86	1.59	0.04
站立困难	12.68	0	0.008
做饭困难	8.45	0	0.04
短期记忆障碍	9.86	1.59	0.04
长期记忆障碍	14.08	1.59	0.008
记忆力减退	22.54	7.94	0.02
白内障	14.08	3.17	0.02

三、日常生活活动量表

以长寿与否（长寿，健康对照）分组，比较日常生活活动评估量表 10 个项目之间的差异，其中具有统计学意义的 3 个项目见表 5。

表5　长寿与对照比较具有显著性差别的日常生活活动量表指标

指标	长寿 %	对照 %	p 值
洗澡	11.27	0	0.01
平地行走	21.13	0	<0.001
上下楼梯	32.39	9.52	0.001

四、生活质量 100 问（WHO QOL-100）

以长寿与否（长寿，健康对照）分组，WHO QOL-100 指标的总分比较，差异具有统计学意义，p=0.004。

以长寿与否（长寿，健康对照）分组，比较 WHO QOL-100 中六个领域 24 个方面，其中有四领域 10 个方面的差异具有统计学意义，见表 6。

以性别（男，女）分组，比较长寿及健康对照人群 WHO QOL-100 中六个领域 24 个方面，其中有四领域 11 方面的差异具有统计学意义，见表 7。

表6　长寿与对照比较具有显著性差别的生活质量指标

领域	类别	指标	长寿%	对照%	p 值
环境领域	环境条件	F22.1	98.6	96.9	0.035
	获取新信息，知识及技能的机会	F20.1	97.2	90.5	0.017
		F20.3	84.5	92.0	0.049
	经济来源	F18.1	88.6	73.0	0.007
		F18.3	85.7	63.5	0.011
		F18.4	64.3	30.2	<0.001
	住房环境	F17.1	100	92.1	0.036
		F17.2	100	93.7	0.011
		F17.3	98.6	92.0	0.022
	社会安全保障	F16.3	84.5	71.4	0.042
社会关系领域	所需支持满足度	F14.3	98.6	96.9	0.027
独立性领域	工作能力	F12.1	84.5	93.6	<0.001
		F12.2	90.2	95.2	<0.001
		F12.3	94.4	95.3	<0.001
	日常生活能力	F10.1	92.9	100	0.005
		F10.2	74.6	93.6	0.002
		F10.3	97.2	95.3	0.007
		F10.4	71.9	80.9	0.001
	行动能力	F9.1	49.2	95.2	<0.001
		F9.2	52.1	95.2	<0.001
		F9.3	54.9	79.3	0.003
		F9.4	38.1	76.2	<0.001

（续　表）

领域	类别	指标	长寿%	对照%	*p*值
心理领域	积极感受	F4.1	90.2	92.0	0.049
		F4.2	95.8	82.6	0.046
		F4.4	80.2	60.4	0.017

表7　长寿与对照比较具有显著性差别的生活质量指标（续）

领域	类别	指标	长寿%	对照%	*p*值
环境领域	交通条件	F23.3 男	100.0	33.3	0.002
		F23.4 男	21.1	33.3	0.038
	获取新信息，知识及技能的机会	F20.1 女	96.1	90.0	0.012
		F20.3 女	84.7	91.7	0.033
	经济来源	F18.1 女	88.3	73.3	0.017
		F18.3 女	86.3	63.4	0.025
		F18.4 女	33.3	68.3	0.001
	住房环境	F17.2 女	100.0	93.4	0.026
		F17.3 女	98.0	91.7	0.036
社会关系领域	性生活	F15.4 男	100.0	0	0.025
独立性领域	工作能力	F12.1 女	80.7	93.3	<0.001
		F12.2 女	86.5	95.0	<0.001
		F12.3 女	92.3	95.0	<0.001
		F12.4 女	88.3	96.7	0.029
	对药物及医疗的依赖性	F11.1 男	100.0	66.7	0.033
		F11.2 男	100.0	66.7	0.035
	日常生活能力	F10.1 女	90.4	100.0	<0.001
		F10.2 女	69.2	93.3	<0.001
		F10.3 女	96.2	94.9	0.017
		F10.4 女	67.3	80.0	0.001
	行动能力	F9.1 女	34.6	95.0	<0.001
		F9.2 女	38.4	94.9	<0.001
		F9.3 女	46.1	78.3	0.001
		F9.4 女	28.9	75.0	<0.001
心理领域	消极感受	F8.1 男	100.0	50.0	0.006
	身材相貌	F7.4 男	100.0	66.7	0.049

五、食物摄入频率考察表

以性别（男，女）分组，比较长寿及健康对照人群食物频次指标：大米，面粉，玉米，小米，高粱，豆类，薯类（鲜），薯类（干），猪肉，禽肉，牛肉，羊肉，鱼等水产品，蛋类，鲜奶，奶制品，豆制品，深色蔬菜，新鲜水果，腌泡菜，动物油，植物油，以上22个指标中只有男性组玉米摄入频率的差异具有统计学意义，其中玉米摄入2~3次/月长寿组人数为15.8%，健康对照人群100%，p=0.026。

以长寿与否（长寿，健康对照）分组，用两种不同的统计方法分别比较食物摄入频率指标之间的差异，均不具有统计学意义。

六、日总热量摄入

以长寿与否分组（1=长寿，0=健康对照）进行Oneway比较热量摄入指标的结果及其显著性差别，结果以长寿与否（长寿，健康对照）分组，比较日总热量摄入，差异具有统计学意义，p=0.002。

表8 长寿与健康对照之间的热量摄入指标检测结果的比较

指标	组别	人数	平均值	标准差	F值	p值
热量（kcal）	0=对照	63	1857.30	692.743		
	1=长寿	71	1487.57	692.000	9.519	0.002
	Total	134	1661.40	714.179		
年龄	0=对照	63	47.46	13.057		
	1=长寿	71	93.72	4.040	805.026	0.000
	Total	134	71.97	25.002		

七、热量消耗

从热量摄入与支出平衡角度分析，两组人群均符合热量平衡。但长寿老人的日均总热量支出1469千卡/日明显低于对照组1867千卡/日。以长寿与否（长寿，健康对照）分组，比较日总热量消耗，差异具有统计学意义，p<0.001。

【结论】

1.长寿老人的身体健康状况有性别差异，超过90岁的男性身体状态要明显好于同龄女性。

2. 长寿老人各项虚弱指数差异（10.8%）较小，日常生活活动能力较正常，生活质量更接近于对照人群。可能与老人的心理满足，和住房与周围环境较好有关。

3. 与对照人群相比，长寿老人的食物组成比例近似，但玉米摄入（15.8%）高于对照（10.0%），$p<0.02$。长寿老人的日均总热量摄入 1487 千卡/日，明显低于对照组日均总热量摄入 1857 千卡/日（$p<0.01$）。长寿老人热量摄入符合国际热量摄入 <1500 千卡/日的标准。

4. 从热量摄入与支出平衡角度分析，两组人群均符合热量平衡。但长寿老人的日均总热量支出 1469 千卡/日明显低于对照组 1867 千卡/日。

5. 体质、心理健康状况为健康长寿的不可变因素，运动、热量摄入 <1500 千卡/日，周围环境（水，空气，绿化，住房）较好为健康长寿的可变因素。

附录三

《中国新闻周刊》记者钱炜：中国长寿之乡广西永福探秘：百岁老人具长寿基因

抗衰老研究的中国格局

在中国目前所有的 15 个"长寿之乡"中，广西永福被中国的老年医学研究机构选为系统考察的样本。永福人的长寿，既得益于独特的自然环境，也与当地人的遗传素质有关。而对永福长寿老人的研究，则是中国抗衰老科学研究的一个缩影。

在坐落于京城繁华地带的北京医院为中国的高端人群提供医疗服务，去 2000 公里以外的边远山区探求"长寿之乡"的奥秘。十几年来，这样的工作经历让 56 岁的杨泽有一种"穿越"的感觉。

这位卫生部老年医学研究所副所长（国家卫生健康委老年医学研究所研究员）感慨地说，"一些人依赖各种药物和先进的仪器撑到八九十岁，另一些人在纯天然甚至是艰苦的环境里自然活到 90 岁、100 岁，这两种状况下生命的质量是有本质区别的。"

北京东单大华路 1 号，北京医院一座大楼地下二层的冷库里，存放着 300 多份采自长寿老人的血液样本。它们是进行科学研究的宝贵材料，其中 200 多份样本采自广西永福县，另外100多份采自广西的另一个长寿之乡巴马。这些冰冷的玻璃管里所蕴藏的长寿密码的确令人好奇，但那些坚韧持久的生命同样让人感慨。杨泽说，"作为一名医学研究者，每当我看到那些百岁老人，就感受到生命自身的力量。"

2007年，广西壮族自治区永福县被中国老年学学会授予首批"中国长寿之乡"的称号。也是从那时起，杨泽带领他的团队，开始对永福的长寿人群展开了研究。这里成为他对"世界长寿之乡"巴马进行长期研究以后的另一个研究基地。

知足者乐，常乐者寿

广西永福县龙江乡龙山村，102岁的谢老元家门前流水，背靠青山。一进门，迎上来一位满面红光的"中年人"，其实他今年已经60多岁，是百岁老人的倒数第二个儿子。老人共有8个子女，现在是五世同堂。大女儿如今也有81岁了，而最小的儿子50岁，与老人的一个孙子一样大。

谢老元身体一直很健康，腿脚灵便，平时做饭、扫地、种菜，99岁的时候还天天挑着担子把菜拿到集市上去卖。说话间，她转身给客人拿糖，旁边的人怕她被身后放着的小板凳绊倒，刚想过去搀扶，却见她一抬腿就轻轻迈过了。

百岁老人谢老元（唐庆甫 摄）

按照国际标准，90岁以上的老人称为长寿，80岁以上叫高龄，65岁以上算老年。杨泽指出，长寿老人的身体状况一般都很健康，平时很少得病。问起他们有什么长寿秘诀，都说"想吃什么就吃什么，按时睡觉，早睡早起"，与常人无异。也有的老寿星有自己独特的生活习惯，比如有人只喝直接打上来的井水，从来不喝开水。

挨家挨户地访问长寿老人，是项烦琐又辛苦的工作。因此，除了杨泽带领的一个5人研究团队，他们还借助当地的力量，与广西南宁江滨医院以及永福县政府合作。参与实地调查的人数总共达34人。在课题中，他们运用了社会学、心理学、医学、生物学和遗传学等多种学科的研究方法。

已有研究表明，人体正常每天至少需要摄取1500千卡的热量，而据杨泽的调查，永福的长寿老人们年轻时大多生活贫穷，吃过很多苦，平时饮食习惯也偏清淡，很少吃肉。他们的日平均摄入热量只有1440千卡；热量摄入与支出的比值在1：0.9983，基本达到了收支平衡。

永福的长寿老人绝大多数都是女性。她们的一个共同点便是，最后一胎的生育时间都较晚。比如，谢老元生最小的儿子时都已经50岁了。长期的低热量摄入与生育晚有助于延缓衰老，这是国际科学界已有的定论。但永福百岁老人们的长寿秘诀似乎不仅如此。

谢老元有一个爱好，便是爱听当地一种叫"彩调"的民歌。她的床头，放着一堆旧磁带，和一个两年前在集市上卖菜时买的便携式录音机。每天晚上，她都要听一会儿彩调才入睡。

在杨泽的研究中，曾将永福长寿老人与北京地区2000多名老人的乐观指数及心态做过对比分析。结果发现，在永福，年龄越大越乐观，长寿老人的心态十分平和，并且比同地区的中年人心理状态要好。而在北京地区，老人的乐观指数与年龄的关系为负相关，年龄越大，乐观指数越小。

107岁的百寿镇寿城村居民陈老翠目前是永福县年龄最大的寿星。从老人布满皱纹但仍清秀的面庞上，能看出她年轻时的风韵。陈老翠家中正堂的几案上，放着一张黑白照片。相片中相貌英俊的男子就是当年她的丈夫。说起他，老人的脸上竟露出一丝羞涩，说："他当年是整个镇上最帅的男人。"

实际上，老人的一生很坎坷，尤其是在她70岁的时候，失去了丈夫和儿子，但她很快就重新振作起来。

在杨泽看来，一些负面的经历给老人们带来了悲伤的回忆，但也让他们认识到活下去的意义。"我们在访问中发现，有的老人甚至对钱没有概念，就更不用说担心收入低的问题了。他们不追求物质生活，只要能吃饱穿暖就心满意足了，这就是知足者常乐吧。"

水土蕴含长寿因子

从永福县城去最北边的龙江乡,沿江逆流而上,一路山明水秀。县"福寿办"(原)副主任赵修瑜向《中国新闻周刊》记者解释说,永福境内的山与别处不同,呈"阳山"(即石山)和"阴山"(即土山)交织分布。这种自然环境的"阴阳平衡",也被当地人看作是长寿的奥秘之一。自2006年开始,当地每年举办"福寿节"活动,并成立常设机构——福寿节组委会办公室,简称福寿办,负责活动组织及日常相关事务。

永福的地理条件确有独特之处。据县政协(原)副主席黄泽治介绍,在地球上北纬24度37分~25度26分之间的区域,大多数地方都是沙漠气候,寸草难生,人迹罕至,而唯有处于同纬度的永福,全年降水量在2000毫米以上,森林覆盖率高达74.1%,境内树木郁郁葱葱,冬无严寒,夏无酷暑。

2007年出版的《永福福寿文化志》记载,由于植被茂盛,污染少,永福的空气中负氧离子含量很高,西江河谷每立方米空气中负氧离子的含量相当于长江三角洲地区的1800多倍、珠江三角洲地区的3100倍。同时由于山多雾多,这里的日照时间要比平原少,日照百分率只有32%。

曾有专家指出,由于当地居民受太阳辐射的影响较少,引起早衰的情况也比平原少,这也是有利于长寿的因素之一。而罗汉果的生长更是这一独特地理条件的最好证明。

医学研究表明,罗汉果含多种维生素和氨基酸,有清肺止咳、降血脂、降血压的作用。此外,还富含一种名贵的稀有物质——甜甙,其甜度是蔗糖的300多倍,但热量却几乎等于零,特别适合糖尿病和肥胖症病人。因此,自古以来,罗汉果就被誉为"东方神果""长寿果",是历代朝廷贡品。

但罗汉果对生长环境的要求非常苛刻,黄泽治介绍说,这种植物喜温暖、短日照、昼夜温差大和空气湿润,忌渍水,怕霜冻又不耐高温。世界上70%的罗汉果都产自永福,并主要生长在龙江乡。

2008年,中国科学院地理科学与资源研究所研究员王五一曾对永福长寿老人较多的几个乡镇做过科学考察。结果发现,当地的饮用水中富含对人体有益的多种微量元素。而据抽点检测,永福土壤中的硒含量为每千克1.1毫克,是全国平均值的3.8倍,可称作是富硒土。

"总之一句话,我们这里水土好!"黄泽治带着几分得意地说。

开辟千年今再现：广西永福福寿节回望

中国科学院地理科学与资源研究所专家在永福科考（下蹲者为王五一研究员）（黄泽治 摄）

百岁老人的长寿基因

对特殊长寿人群的研究，向来都是考察人类长寿奥秘的重要途径。国际自然医学会把"每10万人中有7位百岁老人"作为"世界长寿之乡"的标准，2004年，巴马被认定符合这一标准，而列入世界五大长寿之乡。中国则把这个标准定为"每10万人中有3位"。

"长寿从来不是一个因素就能发挥决定性作用的。"科学界一般认为，除了自然环境、社会经济等多方面因素外，遗传因素对寿命的贡献率占25%左右。作为老年医学研究者，杨泽力图发现的，就是基因对寿命的影响。从巴马开始，这样的研究他坚持了十年。

根据研究，尽管在同一个省内，巴马与永福两个长寿人群的基因却不尽相同。巴马四面环山，与外界交流极为不便，因此基因较纯净，主要为马来人群迁徙而来。而永福自古以来就与外界保持着交流，在基因上呈现出南北方人群的交融。

根据分析，巴马地区的长寿人群，在基因上的主要体现之一便是载脂蛋白E3比较多，占到了80%～90%的比例。载脂蛋白E这种基因分为2、3、4三种亚型，其中2型和3型均能延迟老年痴呆、心血管疾病等病症的发病年龄，降低发病率，促进寿命增长。

而永福长寿人群的载脂蛋白E基因携带情况虽与巴马人相似，但比例稍低，只有71.6%。但永福长寿老人的另一个基因——线粒体基因单倍组F的出现频率是其他年龄对照组的 1.5 倍。而这个单倍组 F，可以减少氧自由基的产生。氧自由基过多正是人体衰老的原因之一。

实际上，线粒体基因对寿命的影响，目前也是衰老学领域的研究热点。2007年，复旦大学的金力教授以另一个长寿之乡江苏如皋为样本，对当地 705 名 95 岁以上的长寿老人进行了研究。结果发现，在长寿组中，有 21.7% 的长寿人群基因线粒体是 D4 单倍型，这一比例远远高于其他年龄对照组。

杨泽发现，遗传的作用在永福的长寿老人身上体现得很明显，很多老寿星要么父母长寿，要么兄弟姐妹也都长寿。

长寿科研："上医治未病"

对长寿人群的基因研究，国际科学界一直都在进行。早在 2001 年 8 月，美国波士顿儿童医院等几家科研机构联合在国际最权威的学术期刊之一《美国科学院学报》（PNAS）上，报告了对 137 对 90 岁以上同胞兄妹的基因组学特点的研究结果，发现在第 4 号染色 D4S1565 位点上，可能存在长寿基因。

"当时这在科学界是个大新闻，我们都很振奋。因为研究人员称，将在半年至一年内，彻底破解人类长寿基因之谜。可如今 10 年过去了，结果仍遥遥无期。"中国科学院院士、北京大学衰老研究中心主任童坦君对《中国新闻周刊》表示。

童坦君并不喜欢用"抗衰老"这个词来称呼他的研究领域。"科学发展到今天，也只能说是'延缓衰老'，想抗是抗不住的。现在国内外有人用'抗衰老'这个词，有时候是出于商业目的。"

作为国内最早一批从事衰老学研究的学者，童坦君认为，目前国家对此的支持力度还远远不够，更多的科研经费，往往流向了诸如对高血压、糖尿病等一些老年疾病的研究。

1958 年，中国科学院动物所曾成立了一个老年学研究室，这是国内最早展开衰老学研究的科研机构。但不久就被因故撤销。20 世纪 80 年代初童坦君在美国留学时，就注意到衰老学将是医学界的一个热点。本打算回国后就专攻这个方向，可回来后却不得不去研究肿瘤，直到近 10 年后才找机会转向了衰老学。

据介绍，近年来，中国科学院上海生命科学研究院和动物所一直对端粒酶颇有研究。作为衰老机理最重要的理论之一，端粒酶的发现者、三位美国科学家在 2009 年获得了诺贝尔生理学或医学奖。而童坦君研究的兴趣点，已经从端粒酶转向了 Sirt1，据说这是目前国际衰老学最热的领域之一。

从 2000 年开始，科技部先后启动了两期关于衰老机理研究的"973"项目，担任该项目首席科学家的中国人民解放军总医院(301 医院)的陈香美院士认为，我国有世界上最为庞大的老年人群；56 个民族提供了丰富的遗传基因资源；辽阔的国土促成了生活环境、生活方式和生活习惯的巨大差异。这些为从整体、细胞及基因水平研究衰老提供了得天独厚的条件。此外，我国特有的中医理论和中草药资源，也为探索天然化合物干预衰老的机制提供了宝贵经验，蕴藏着突破的潜能。

童坦君所创建的北京大学衰老研究中心是上述项目的主要参与者。他发现，一种名为 p16 的基因能抑制癌症，却有促进细胞衰老的作用，这在国际上属于首次报道。童坦君解释说，一些控制肿瘤的基因，是促进衰老的；而延缓衰老的基因，却能促进肿瘤的生长。因此，如何拿捏分寸，让基因发挥合理的作用，是非常困难的，所以长寿是一个复杂课题。

"目前我国在对人体衰老机理的基础研究上，与国外相比水平还有不小的差距。但随着社会经济发展到一定阶段，人们对如何延缓衰老、延长寿命越来越感兴趣，对衰老学的研究也开始热起来。"童坦君认为，"上医不治已病，治未病"，对人体衰老机理和长寿的探寻，实质上正是"治未病"，目的是要让人健康地老去。

美国国立卫生研究院下设有专门研究衰老的全国衰老研究所 (NIA)，而中国至今尚无类似的科研机构。目前，杨泽所在的老年医学研究所正在申报成立真正意义上的国家级老年医学中心。和美国 NIA 正在开展的"长寿之家"大型研究项目类似，杨泽还将持续着眼于国内"长寿之乡"的研究，以揭开长寿的环境因素和遗传奥秘。

附录四

《中国老年报》记者郭萍：神奇永福 长寿的家园

永福县位于广西桂林市西南部，有 1800 多年的历史，文化底蕴深厚，人文景观众多，自古就有"水旱无忧三千垌，十里常逢百岁人"之称。多年来研究福寿文化并致力于长寿事业的永福县委书记（永福县委原书记）赵德明说：悠久的福寿历史文化，山清水秀的居住环境，永福成为名副其实的"长寿乡"。在这个不足30万人口的小县里，百岁老人高达36位，每10万人口中就有13.3位百岁老人。全县人均预期寿命75.24岁（第五次全国人口普查），高出全国人均预期寿命3.24岁，远远超出"世界长寿之乡"的评定标准。

记者采访过许多百岁老人，他们大都生活在偏远的大山脚下或缺乏现代文明的环境里，生活条件清贫、艰苦。但永福距世界旅游名城桂林只有48公里，区域地段繁华，人们的生活条件较好，为什么也有这么多的长寿老人？有报道说，我国有一个长寿带，而生活在长寿带源头的人最长寿。永福境内气候温和，风光如画，森林覆盖率高达74.1%，生态环境十分宜人，是"生活在树上的城镇"。36位神采奕奕的百岁人瑞像繁星一样点缀在群山绿水之间，这块神奇的土地蕴藏着许多不解的奥秘，吸引着中外专家纷至沓来，莫非长寿的源头在永福？记者不觉心头一震，决心探个究竟！于是，便有了深入长寿老人生活的地方，从他们的衣食住行等方面进行零距离接触与采访。

得天独厚的地质地貌

地处亚热温带交界处的永福县，含有十分丰富的物产资源：如重晶石、石灰石、黄铁矿、铜、锌、汞、水晶、磷等。越城岭、架桥岭两大山脉的特殊地貌，又构成了永福奇特秀美的自然景观。永福县内多山，环境幽静，空气清新，由于日照时间要比平原少，故村民受太阳辐射的影响较小，引起早衰的情况也比平原少。同时，空气中负氧离子的含量为每立方厘米8万多个，超过平原地区30多倍。境内河流纵横，森林茂盛，植被良好，土壤中所含的微量元素铜、铁、锰、硒、钾、铬等也高，其中"生命元素硒"的含量最高。这里的蔬菜、水果、粮食等都含有不同程度的稀有元素，对长寿十分有益。永福人通过各种生活方式即可获取这些营养，故而机体免疫力很强，从而能够健康长寿。

离县城不远的罗锦镇，有一个喀斯特地貌十分丰富的岩洞叫金钟山，洞内寒气绵绵，怪石林立，变幻无穷；一块块水晶似的悬壁像临空而起的屏风，壁下溪水流动，寒潭星罗棋布，瑶池仙境，玉帐缀金……好似人间仙境。而在鲜为人知的天坑自然区，溶洞与河水形成了一套特殊的气流循环，负氧离子含量高达10万多个（每立方厘米）！医学专家说，来一次天坑等于为心肺做了一次全面清洗。一个多小时的吐故纳新你会感觉特别舒畅，大脑异常清醒，心情十分愉快。永福人的建筑非常符合养生条件：房屋建在半坡上（常爬坡可提高心肺功能），朝向正南，四周有小溪潺潺流水，三层楼房的顶层住人、下层堆放杂物：清洁、宽敞、通风。而且房屋结构大多是以木质或土壤夯制而成，富含多种元素的土坯长年累月地释放对人体有益的元素，使吸收这些"自然能"的人们在不知不觉中益寿延年。

益于生存的气候环境

现代气候与保健学家认为，地域、气候与环境不同，对人体寿命有很大影响。永福的日照率为35%；雨量充沛、空气清新，植被完整，人们常年吸入的都是新鲜氧气。越城岭、架桥岭两大山脉错综交接，自然围起一道天然屏障，形成了永福固有的小气候。这里的年均温度是18.8℃，相对湿度80%，冬无严寒、夏无酷暑。永福独有的大气压现象，可减少因呼吸道传播的许多疾病。境内丘陵地带瀑布成群，风景独特，湿度很大。"永福的天然泉水多并有4个显著特点：呈弱碱性，氧化还原低，小分子团，矿物质含量高，对健康长寿特别有益"——医学专家们说。在永福采访的日子里，记者经常看到天空半边乌云如墨，半边艳阳高照；山中时而烟雨缭绕，时而太阳高悬，清风习习，沁人肺腑，令人心旷神怡。人们居住的环境翠山环抱、清溪绕流，好似天然公园。村民们长年累月地劳作，经常看到山上林海叠翠，云蒸雾罩；山下果园飘香，炊烟缭绕；闲时唱唱山歌，渴了喝碗罗汉果水，过着田园牧歌式的生活，怎么能不长寿呢！

丹砂水、百寿图名扬海外

沿桂（林）浮（石）公路西行，翻过一座雄峻的大山金竹坳，穿过千回百转的三台岭，眼前豁然开朗。但见碧野千顷，青峰环峙——这便是闻名遐迩的百寿镇了。离镇不远的莽莽群山里横插出一座岗峦，如奔腾的苍龙，至公路边顿然刹住去势，这座山名叫葛祖山。山不很高，然怪石嶙峋，气势雄伟。山上青枝铁树破岩而生，层叠葱翠，生机盎然。若是雨后放晴，则云蒸霞蔚，蔚为壮观。在这葛藤如幔的山脚下面，有一眼能延年益寿的神秘泉水，清纯甘润，名曰丹砂井。据史书记载：晋代道教大师葛洪到夫子岩炼丹著书，发现井前的廖氏家族，饮用丹砂井水后，寿至百岁还鹤发童颜，声若洪钟。而且族中的长者廖扶活到158岁，被皇上封为"拯危真人"。南宋绍定己丑年，知县史渭邀请百名长寿老人各写一寿字，镌刻在丹砂井旁边的百寿岩石壁上，成为目前我国留存稀少的千古奇文《百寿图》。如今甘甜清纯的丹砂井泉涌不息，而精美的《百寿图》拓片则被英国女王伊丽莎白作为珍贵的寿诞礼物收藏于皇宫。周恩来总理等领导人曾将其作为汉文化礼品，馈赠给法国前总统密特朗等国际政界名流。不少海外华人更视其为民族文化的精品，平安吉祥之象征。

无公害食品物产丰富

被农业农村部评为"中国罗汉果之乡"的永福是一块风水宝地，而且每个乡镇都有自己的拳头产品。产于龙江高寒山区的罗汉果，含有大量的葡萄糖成分和一种比砂糖甜数倍的新物质。它性味甘凉，入肺脾二经，清热润肺，化痰止咳，解暑生津、清肝明目、舒胃通肠，可治疗人体多种疾病，尤其对支气管炎、急慢性咽喉炎、感冒、哮喘、高血压、便秘等有显著疗效。最近有报道说，罗汉果还有防癌等特殊功效。国外视其为稀世珍品，谓之"东方神果"。凭借独特的环境优势，永福有着丰富的养生资源，仅药用植物、矿物就有2741种，其中黄芪、金银花、灵芝、板蓝根等产品还分别出口东盟及欧美等国。而永福的香米、柑橘、西红柿、桑蚕、山葡萄酒、大米制品等6类国家无公害农产品则蜚声海内外。去年该县又被世界养生大会组委会授予中国首个"养生产业示范基地"。

带头人为生态不片面追求政绩

百寿镇的白果村至江岩村，有一条小河，5公里的河面上生长着极为罕见，我国特有的国家二级保护植物——海菜花。专家们说，凡生长海菜花的水域必须是天然的。因为海菜花是一种珍贵的沉水植物，喜爱洁净，生存条件要求很高。但20世纪60年代以来，由于环境等其他因素，海菜花的分布逐日缩小，几乎濒临绝迹。

留给子孙的"福寿"到底是什么？永福县委书记（永福县委原书记）赵德明曾在全县干部会上大声说道："不是政府财政每年增长有多快，也不是工业到处开花、到处都是烟囱废渣，而是永不褪色的青山和绿水啊！"记者在永福采访时，这段话反复被永福的基层干部所提及。

赵德明告诉记者，县委、县政府的目标是要实现"经济强县、文化名县、生态和环境一流县"。两年前他刚到永福上任时，有一股"毁林"的暗流在涌动——全县9个乡镇竟有268家木材加工厂！这是典型的以牺牲环境资源换取眼前利益的行为。怎么办？出狠招砍！他连夜召集领导班子成员商量决定：将全县生态公益林、水源林和主要河流的第一重山均划为"禁伐区"，对采伐林木实行公示——谁申请伐林，先落实造林面积，谁批准采伐就由谁负责落实造林；木材加工企业每使用100立方米原木，必须造林20亩以上！一时间说情的人车水马龙。赵德明的一个老领导多次找到他说："别人都是保存实力为政绩，你刚上台就砍掉这么多经济指标，封了那么多人的钱袋子，太得罪人了！"他笑了笑："为官一任，就要为民一生，保护生态环境和人民生命健康比什么都重要！"为落实制度，他亲自挂帅监督，短时间内，就砍掉了202家木材加工厂，关停取缔了污染水质的农家乐山庄，同时又对西江流域进行污水治理，加速实现"以厂养林"的生态之路，重新营造了碧水蓝天的整体环境。而且他选拔干部也有侧重性：关心群众疾苦、爱护生态环境的干部优先选拔！从此，永福的山更绿了！水更清了！天更蓝了！

现代工业化与田园生活本来就是难以调和的两大矛盾。一些世界长寿之乡近年来百岁老人比例下降很快，一个重要的原因就是现代工业对自然环境的破坏。然而，永福人渴望开发渴望富裕的心情也很强烈。但永福县领导的眼光却是长远的："经济飞速发展，而自然环境却被破坏了，那对永福来说，却是无法挽回的重大损失啊！"县政协副主席（永福县政协原副主席）黄泽治深有感触地对记者说。

如今记者漫步在江岩村的这条小河边，只见天光水影，绿波幽邃，海菜花又散发着淡淡的清香。那洁白如玉的花朵，金色的花蕊，静静地倒映在水中，铺撒河面。海菜花一开放就是一个阵容，一个群体，水域有多宽多长，她的蔓延就有多宽有多长，她用自己特殊的生存方式诠释了永福生态环境的全过程。

福寿文化敬为先

永福的长寿现象与其厚重的历史文化背景、和谐的自然环境是分不开的。如果说"福字石刻""百寿图""丹砂井"是这个县三宝的话，福寿文化则是构建和谐永福的灵魂。永福在历史上处于道、佛、儒文化、中原文化与岭南百越文化交汇之地，多种文化相互激荡，造就了璀璨夺目的"福寿文化"。禅宗六祖慧能法师被这一方有灵气的水土所吸引，曾多次到此讲经说法。永福人杰地灵，人才辈出，梅画宗师李吉寿、著名表演艺术家"刘三姐"黄婉秋等就诞生在这里。2006年，这个县还成功地举办了首届"福寿节"，来自各地的1199名70岁以上的长寿老人喜气洋洋、欢天喜地围坐在200张八仙桌旁，组成了一个长68米、宽37米蔚为壮观的大"寿"字，此宴已被上海大世界基尼斯总部核准为"大世界基尼斯之最"。

几年来，为提高老年人的生命质量，县委、县政府每年都为老年人办十件大事，此举为该县的长寿链逐渐增多打下了坚实的基础。对此，县长（永福县原县长）文建中高兴地对记者说："在县财政非常困难的情况下，县委、县政府积极筹集资金，专门建立了老年书画研究会、老年大学、活动中心等。百岁老人每月可享受 120 元的政府补贴；70 岁以上老人不仅每月有 50 元的生活费，而且乘县内公共汽车，去博物馆参观，到公园、景点游玩等全部免票；医院每年为 90 岁以上的老人免费做一次体检，并享受政府买单的住房保险等。永福的老人生活稳定、病有所医、老有所养。"记者采访时特别注意到，任何一家大门的中央条案上，都摆放着香堂，上供着祖先。这里的人们厚道善良，民风淳朴，对老人非常孝敬。谁家有百岁老人就会令人羡慕，而且越老越光荣，因为长寿意味着"儿孙有福"。吃饭时，凡老人长辈在场，必请坐于上席；老人未上席，儿孙辈绝不首先动碗筷。行路时，如见长者过来，年轻人均自觉立于道旁，待老人过去自己才走；如老人挑着担子，年轻的后生就会抢着挑过来，一直送到家。"在永福，谁虐待老人，谁就嫁不出去、娶不到老婆"——永福县委宣传部（原）副部长赖红艺如是说。

按照当地民俗，记者每到一户百岁老人家中采访，都要留下一些钱和礼品，老人笑着收下，没有推辞。

心情愉快益养生

采访百岁老人，记者是从县民政局调查统计的名单中随意抽查的。当我风尘仆仆赶到罗锦镇 103 岁爱看书、会说普通话的毛钟祥老人家时，他正在逛集市呢！被孩子叫回家后，老寿星兴致勃勃地带我参观他的房间——充满阳光的东墙上，有个很大的蜂巢，密密麻麻的蜜蜂在飞进飞出地忙碌着。"怎么在屋里养蜜蜂啊？""不是专门养的"，老人连忙说。"几年前，从窗户飞进来几只蜜蜂，以后是越来越多，他们不伤人也不扰人，每年都造蜂蜜十几斤，正好够我每天喝的。"太神奇了！莫非老人的善举感动了生灵么？

107 岁的女寿星龙丽珍住在永福县城。老人家性格开朗，爱说爱笑，说话声音响亮，精神矍铄。知道要接受记者采访，她还特意换了件新衣服，戴了一顶鲜艳的红帽子，老人说这样更礼貌些。一进门老人就告诉我："我姓天上的龙"！得知我是北京来的记者时，她凑在我耳旁悄悄地说："我想看看北京天安门哦！"吃惊的我，久久拉着她的手没松开！我多想满足她的愿望啊！

家住苏桥镇石门村小黑石岭屯的周满嫂，虽已是106岁高龄，但身体很硬朗，记忆力也好。她心情愉快，爱唱歌，喜欢听新闻，脸上总是笑眯眯的，迄今还能一字不落地背诵2000多字的百家训。

爬山越岭终生劳作

掩映在绿树幽篁中的百寿岩，依山而筑，临水而居，新起的钢混结构楼房和古老的砖瓦干栏式老屋纵横交错、格外分明。清澈碧绿的河水从村前蜿蜒而过，温婉如带，河畔田地里的农人戴着竹笠或松土或除草，草地上的牛羊在自由地觅食，不时抬起头来哞叫两声，悠然自得，一派人与自然和谐之景象。河岸边或翠竹掩映，或古榕吻波，或蓑衣独钓。渔舟自横，白鹭翩翩，整个村寨好似世外桃源之仙境。这个不到500人的小村里，百岁老人竟有3位，十几位90岁左右的老寿星鹤发童颜，身板结实，有的还能打柴、种田、纺纱、织布。

一身斜襟灰衣、头戴绒帽、笑容可掬、神采奕奕——看起来好像80多岁的谢妈妈103岁了，每天还要照看两个重孙子并煮饭、洗衣。在永福，像她一样健谈能干的老寿星还真不少。103岁的赵妈妈常上山打柴，军屯村104岁的唐聪妹百岁时种的一亩地，竟打下粮食800多斤，如今还能自如地穿针引线……这里的人们日出而作沐浴自然，日落而息享受宁静，虽然居住在大山之中，生活清贫、单调，但他们以苦为乐，性格大方，自己寻找其乐融融的意境，造就了长寿基因的环境氛围。当记者大清早来到江头村卢覃氏家采访时，她正要到园子里干活，老人家每天只吃两顿饭，每餐两小碗米饭和一些青菜，早睡早起，104岁了还耳不聋、眼不花，满头黑发。家住苏桥镇的于五嫂，今年106岁了，老人鹤发童颜，四代同堂，如今还喜欢摆弄花草，搬上挪下地"折腾"。记者见到她的时候，老人正在洗衣服，"一天不干活，心里闷得慌。"老人一边用土布擦汗一边说。

离开永福前的一个下午，永福镇党委书记（永福镇党委原书记）邱鸿毅带我走访了瑶寨的银洞村。那里山清水秀，野花满坡，人们在田里边忙碌边对歌，原生态歌声委婉动听好似天籁，绚丽多彩的瑶族服饰叮当作响，如同置身于画面之中！"这里的瑶药很多，瑶医技术好，疾病谱也比较简单。他们的住房是屋屋相连、户户相通、邻舍之间都走一个'和气门'，互相往来，夜不闭户，谁家有困难，大家都会不计酬劳地主动帮忙。"邱鸿毅介绍说。寿星佬赵进寿就是瑶族人，104岁了总喜欢做农活。老人爱吃鱼仔，天天还喝点小酒，性情温和人缘挺好。他家离岸边较近，遇到赶不回家的外村人，他就会热情地招呼人家在自己家吃住，几十年如一日，深得村民的爱戴。

郭 萍（右）在永福瑶族村寨（黄泽治 摄）

通过与寿星们接触交谈，记者发现老人长寿的一些共同点：庭院卫生环境好、爱种鲜花无烦恼；食物清淡爱喝汤、多吃青菜偏粗粮；心平气和易知足、勤劳善良性豪爽。作为"刘三姐"的家乡人，这里的老人很喜欢对山歌。山歌是一种独特的社交活动，它能使人心胸开阔，远离忧郁和烦恼。作为一种非物质文化遗产，唱山歌又是长寿的外部因素之一，它和遗传、环境、饮食等物质因素完美地融合在一起，构成了永福人长寿的心灵驿站。这里的老人没有五光十色的夜生活，也没有频繁的酒席应酬，唱山歌则成为老人们排遣郁闷、舒畅身心的重要方式。他们常浸润在怡然和谐的心境里，生活在稳定的环境中，一切顺其自然，拥有健康的心态。走进福寿之乡，与当地人交谈，你能体会到永福人那平凡的生活方式，自然真挚的情感流露，对乡土的那份热爱，那种知足的欲求——日出日落，辛勤劳作，一日三餐，温饱欢乐。

那些喜气洋洋的寿星脸上都有一副相似面容：安详、平和、随性。稍稍西斜的阳光淡淡地抹在他们的脸上，把老人的微笑渲染得如同一抹温馨的夕阳。所以，他们才会把生命活到极限。

美丽的永福等你来

永福的山静静屹立，碧绿的江水缓缓流过，千百年来，人们的生活完全融入了这山水之间。人生短暂，如能觅得一处仙境而居，每日呼吸清新空气，满眼都是美丽山水，吃着原生态食物，该是多么惬意的美事啊！永福人过的就是这种生活。永福县政府真诚、慷慨的招"长"引"寿"措施及生态、健康的环境条件，吸引着各地的"候鸟"成群，有的干脆在当地购买房屋颐养天年；一些国外的"候鸟"万里迢迢迁徙长居，更增添了这座小城无限的魅力。

夜幕下的永福，茂密的树林掩隐着山的沟壑，溪间涓涓弹奏着人迹稀少的空寂，偶尔有水鸟簌簌地划江而去，牵涉出黄昏淡淡的迷雾。黛蓝的夜空上浮云悠悠如梦，夜鸟投林的啼鸣把江水拉得修长，江风幽凉，抚摸着记者浓浓的心思——你想长寿吗？请来永福吧！

附录五

《中国老年报》记者郭萍：福寿双全皆永福——有长寿果 多长寿人

自打桂林永福被评为首批"中国长寿之乡"之后，它可就火了！且不说世界各地的游人大量涌入永福参观、居住；瑶医治顽疾名声在外；长寿食品特别是罗汉果被国外奉为"东方神果"闻名遐迩；"含同字异体最多的古代摩崖石刻"的"百寿图"获得上海大世界基尼斯纪录；"千人变脸"又获得"第十一届大世界基尼斯最佳项目奖"；一跃获得自治区"县域经济发展进步奖"；房地产业愈发火爆增值等等；单就旅游这一项半年就收入了2100多万，同比增长21.65%；2008年东盟峰会一日签单了22个亿！长寿老人是越来越多，人民的生活水平大幅度提高——桂林机场的服务人员说，凡是从永福来的人，都是大包小包的行李超重！永福用什么方法吸引了这么多人的目光？他有什么惊人的奥秘让人们流连忘返？又是什么诱惑让不少中外游客在永福置地买房？两年前我曾采访过这个地方，这么短时间咋有这么大的变化呢？面对记者的种种疑惑，长期致力于保护生态环境和长寿事业的桂林市人大代表、永福县委书记（永福县委原书记）文建中一语道破了玄机："是因为这里福寿双全！"

文建中说，永福钟灵毓秀，人杰地灵，北有"百寿图"，南有掌书大"福"字，"福""寿"南北呼应，铸就一方福寿宝地，千百年来孕育了众多的长寿老人。目前（2009年）全县70岁至99岁以上老人19599人，其中百岁以上老寿星36位，每10万人中有百岁老人13.33人，远远超过世界公认的"长寿之乡"标准。去年（2008年）7月初，卫生部老年医学研究所组织百余名专家，分别对永福县9个乡镇的1000多名85岁以上的长寿老人进行了抽样综合调查，结果显示：永福县的老人长寿现象非遗传因素所致，而是一种自然状态下的智能长寿，其主要因素为当地的空气清新，水源优质，土壤富含有益人体的微量元素等。

永福政协主席拿着厚厚的一摞调研报告对记者说："这是国内外专家对永福的地貌水质、环境、空气、农副产品等做的检测报告。数据显示：永福县森林覆盖率达74.1%，境内山清水秀，空气清新，负氧离子含量每立方厘米达5万至12万个，比正常值高出50至80倍，空气质量达到国家一级标准。永福人身居其中，游弋于青山绿水之间，心旷神怡，延年益寿自然顺理成章。优质水资源也是永福人长寿的要素之一。永福境内泉水具有小分子团，呈弱碱性、氧化还原低、矿物质含量丰富，矿化度优于国家天然矿泉水标准5大特点，最符合人体健康。土壤专家说：永福的土壤含有益于人体健康的硒元素。罗汉果每公斤含硒189微克，优质米每公斤硒含量达75微克——这是永福人长寿的重要原因之一。"

采访手记：

永福人用这种土壤打坯建房，不知不觉中吸收对人体有益的放射能。房屋背靠大山，位置半山坡，门前有小溪潺潺流水。每天下山上山走坡路对心脏和身体十分有益。吃着原生态的新鲜蔬菜，吸着负氧离子较高的新鲜空气，喝着天然弱碱性矿泉水，劳动在风景如画的森林里，晚上男女老少玩篝火唱歌跳舞，临睡前泡个药水浴，这是一种什么样的生活啊！难怪这里的百岁老人多，难怪这里的人普遍长得年轻，脸上总是泛着红光，个子瘦长且很少肥胖呢！

2006年10月，澳大利亚、日本、泰国等地的近百名老人纷纷致电永福县福寿节组委会，要求参加中断数百年之久的乾隆盛世"千叟宴"。据了解，千叟宴始于清朝康熙年间，是清宫中规模最大、入席者最多的盛大御宴，按清廷惯例，每50年才举办一次。清代共举办过4次，其参加者多为年老重臣、皇亲国戚及社会贤达，菜谱也因人的身份而分等级摆设。福寿节期间，全国各地1199名70岁以上老年人围坐在八仙桌旁，组成一个蔚为壮观的"寿"字，并共进晚宴，体现出太平盛世普天同庆的和谐与幸福，承载着中华民族尊老敬老传统。无怪乎外电惊呼："中断数百年之久的乾隆盛世'千叟宴'再现永福！"

山青水绿旖旎迷人

　　永福处在越城岭和架桥岭两大山系的接合部，是秀丽洛清江的源头。他有着最优越的环境，气候宜人，物产丰富，罗汉果园满山遍野，四季鸟语花香，生态环境良好。有惊世骇俗的宋代"百寿图"摩崖石刻；江南保存最完整的明代古石城永宁州城、明朝仙姑岩悬棺葬墓及宋代窑田岭遗址；有世界最大的阴阳合抱重阳树；世界奇洞永福岩等。美丽的洛清江自横岭界流出，江面渐阔，波平如镜，顺流而下，左侧的窑田岭，塔脚次第映于江中，复去，有一山横空而卧，倏然将江流去势镇住。周边江流环绕，艳阳下，水波泛金，绿洲如佩，形若县城项下一饰。悬镌于百寿岩内的"百寿图"是福寿文化的内涵和代表，"百寿图"是一个大寿字内镶刻着100个不同字体的小寿字，字字珠玑，每一个小寿字均刻有印章，注明文体和出处，堪称中国的"文字太阳系"。永福还是广西彩调的发源地。从清朝乾隆年间起，彩调那古老而优美的旋律便从洛清江的源头汩汩涌出，渐渐地流成一条民族艺术的长河，流向中国，又伴着《刘三姐》的歌声流向了五洲四海。

郭萍（中）在永福百寿古城（黄泽治　摄）

　　凤山祈福　如果没有山和水，城，是寂寞的。永福这座小城，最有特色的当是城中孤峰独峙的凤山了。山脚自江中拔起，宛如一朵含苞碧莲婷婷出水。山上苍松碧梧，古藤老树，即使腊月岁末，依然葱郁不凋。我住的旅馆离凤山很近，傍晚时刻，自东南面拾级而上，有一条曲曲折折的台阶路直通山顶。山虽不高，但登临其顶，也足令人喘息。坐小亭纳八面之风，环顾四野，便收了熙熙攘攘的城郭，晶晶亮亮之茅江进入眼底。而山上一味的绿树参天，将山色裹得浓浓的，你看不见登山之路，连山上的荆棘杂草，也富有生命力的茂盛，把路挤得瘦瘦的。历数古今，除一些状元之外，号称画梅"一派宗师"的李吉寿就诞生在这座小城。《刘三姐》的扮演者黄婉秋女士，就是从这座小城飞出的一只凤凰。她那一曲曲清亮优美的山歌，不知打动过多少男男女女的心，可永福人从那泼辣质朴的歌声中，品出的却是这座小城的风骨，是如小城这方山水般隽永的意韵。回京后，我常伏案联想，如以潇洒超然之情怀，同一二亲朋，徐徐穿行于凤山幽幽山径，访古迹、沐阳光、赏红叶、听雨声，让一己之念，皆融于山水音容，就会与自然悠悠心会——不知不觉中，蒙蒙江城已升起袅袅炊烟，陶然处忘却了时光之逝——这才是地地道道的山水知音，绝妙的登山之趣呢！时至今日，历经几百年风雨的福字就横卧在凤山的高处，给登山揽福之人以一种欲到福中来，必先勤攀缘之意。现在每一年的大年初一上午，都有来自全县几名健康老人和百名阳光少年，身着节日的盛装，欢聚在凤城山顶上大红"福"字前，在一对"金童玉女"打开"福门"后，为世界、祖国和人民大声祈福：祝愿福寿之乡人民，幸福吉祥！祝愿中华民族，繁荣昌盛！祝愿世界人民，和平安康！敬老爱老的永福人民，在每年重阳节，有一种习俗，就是要约上亲朋好友到凤山拜福、祈福，祈求健康吉祥幸福。那些来到永福的外地客人，也会到凤山之巅的大"福"字石刻前揽福、摸福、祈福，把福气"装"进口袋，将福气带回家。

  板峡风景 板峡水库以山之青幽、水之灵秀、瑶家风情浓郁而著称。离县城不远，乘车穿过几座青葱翠郁的山峦，越过一条清澈见底的小河，不到一个小时，一条两旁缀满野花的水泥路，就将你悄然地引到了幽静如处子的绿色世界里。抬眼望去，板峡水库好像悬挂在半空中，一座巍然耸立的大坝稳稳地夹在雄峙的山峰间，恰如一把巨型铡刀，"铡"断了奔腾不息的河水，几处闸门里，急急地蹿出雪白的水柱，一眨眼工夫，便欢快地跌进清幽幽的河面，只留下一串串哗啦啦响声。最迷人的当是板峡的夜晚了，歌声从水库的宾馆荡出，被山间和湖面的晚风轻轻吹送，余音袅袅、温柔、恬静；那一弯淡淡的月牙儿，那眨着眼睛的小星星，如梦似幻地映照在水面。整个水域，宛如一匹缀满奇珍异宝的黑缎，在山风轻拂中轻轻抖动，屏神呼吸，那空气似乎含着水的清甜、花的馨香。

  永福岩洞内步步皆景，景象变幻无穷，最为奇特的是在一个洞内可观赏到四季不同的神奇景致，这在其他岩洞中绝无仅有。

金钟山 是一处溶洞型的自然风景。抬眼望去，峰峦叠翠，林木葱郁，山径通幽，令人心醉神迷。1998年10月，中国地质学会洞穴研究会会长朱学稳教授第一次到洞内考察，便被洞内的奇绝景观所震撼，他不禁由衷地赞叹："此岩洞是百里挑一的世界奇洞，完全可以开发成世界级的游览点。"进入金钟岩，一袭瀑布就会飘曳而下。踩在跳石上，脚下河水淙淙，头上点点水珠不时坠落，乳白色的水雾在小河上轻盈飘过，仿佛走在久远而古老的时空隧道里。不远处有几个森林泉水浴，其水来自溶洞，含有丰富的钾、钠、氡、钙、铬等多种对人体有利的矿物质，若在泉水浴中泡一泡，无疑对身体进行了一次天然的美容保健。

乾龙天坑 是目前大桂林旅游圈内唯一的天坑，独永福所有。岩壁多为白色结晶体，呈雪山或瀑布状，洞内有地下河，沿地下河行走数百米，即到达天坑底部。这里的溶洞气流与河水气流形成了一套独特的地下循环系统，使得负氧离子浓度比正常值高出50~80倍，在这个岩洞里游览或稍坐片刻，你会感觉呼吸特别舒畅。不少本地的、外地的中老年人常年来这里养生。因为到一次天坑就等于为自己的心肺做了一次清洗。日久天长，怎能不长寿啊！

古民居群 在永福不少的古民居群中，保存最好的当数罗锦镇崇山屯的李氏古民居群了。有三百年历史的崇山村李氏是名门望族，仅在清朝，就"一门三进士，父子五登科"。他的大院能容纳百把人，由五间主屋和院墙以及大门楼合围而成。大门楼与正堂间，有一条青石板铺就的甬道，道上有两组石雕图案，左边山海红日，右边月映桑田。两边各筑有一个鹅卵石铺底的"鸳鸯池"。左右各砌一条花廊。左廊摆设松山、梅岭，右廊养寒兰、水仙。一刚一柔，煞是好看。正堂古朴高敞，两边山墙青砖白缝，飞阁出檐，叠出马头高墙。正屋有前后三进，中间有天井和回廊相连。天井无遮拦，天与人心灵相通；阳光、雨露从天井里洒下来，让居住在古民居里的人们尽情享受上天的恩惠。

长寿探秘 但凡到永福的人，无不以求得一幅百寿图弥足珍贵，何况那里还有使人长寿的丹砂水呢！从县城驱车，沿着绿树成荫、山环水绕的百里西江画廊，就到了百寿镇这片古老而神奇的土地。喝一口廖扶祖上留下的长寿泉——丹砂井水，瞻仰惊世的摩崖石刻——"百寿图"，零距离接触长寿带上的活化石——精神矍铄的百岁老人，与老寿星们共餐，学学这些人瑞的养生经，采一筐生态绿色的长寿食品……你会感受到生命的赞礼！

社边农家乐 因有相沿百年的"社公庙"而出名。社边屯依山傍水，景色宜人，清澈见底的龙江河缓缓流过，连绵的山峦郁郁葱葱，农舍点缀在青山绿水之间；村风淳朴、卫生整洁、果树飘香。设有会议厅、餐厅、歌舞厅、篮球场、排球场等场所。有浪漫色彩的吊桥连接两岸，游客可漂流、沿河冲浪、水上游乐、岸边垂钓、下地采果等。会议休闲，可观赏正宗的罗汉果及香菇种植与加工，品尝绿色的山珍佳肴，享受极鲜的龙江河鱼。

文建中说："凡到过永福的人，都有一种回归大自然的感觉。"2008年养生福寿节，引来了十几个国家的近百名外宾。一位俄罗斯姑娘说："永福真是个好地方，我不愿回家了。我想沾上永福百岁老人的光，将来也能活一百岁！"

永福底蕴深厚的福寿文化、悠久的人文历史以及独特的长寿现象，特别是其优越的生态环境和长寿食品吸引了众多客商前来投资。县委和政府以金钟山旅游景区为龙头，精心规划以百寿岩和永宁州古城为代表的人文生态游、以金钟山景区为代表的地文生态游、农业生态示范长廊游、农家生态休闲游以及长寿生态游5大特色，特别是放开了距桂林最近的房地产业，具有保健养生的罗汉果开发等黄金项目，更成为投资商争抢的热点！

采访手记：

在永福，你会感到这里的山峰叠翠，植被良好，有延绵数公里的青草地、四季常绿的楠竹、秋红满天的枫树、花香四溢的茶树林；良田阡陌，小径曲曲，村落星星点点；一派独特的田园风光，将形态各异的山峰和良田变成了一个世外桃源。是人们特别是中老年人长居的最佳养生处；更是一些机关团体召开大、中型会议的首选地。繁忙的工作中抽时小憩，揽得原生态美丽风景，收获别样的养生效果，岂不乐乎！特别是喝口长寿乡的丹砂水，吃点在稀有元素土地上长出来的粮食和水果，等于进行了一次长寿之旅！如能多待几天，回去化验和测量一下自己的血脂血糖和体重，没准你会大吃一惊！人生有什么比养生更为重要呢！更何况永福距国际旅游名城桂林只有半个多小时的路程，但消费价格之低令人咋舌。"吃住永福为长寿，闲暇看看桂林、阳朔，又省钱来又开眼，一举几得多快乐！"——这是广州游客对永福的评价。难怪那么多外国人和北京、上海、广州等大中小城市的人蜂拥而来为长寿，找瑶医治疑难杂症，有的干脆投资买房，种菜、种粮——还说离桂林最近的永福买房有升值价值。近日，内蒙古自治区包头市63岁退休工程师郝书铭携老伴风尘仆仆赶到永福，在县城选择了一处依山傍水的房子住下，每天与当地老年人一起生活，寄情于福寿之乡的青山绿水间。他们早晨到绿色森林里活动腿脚、听长寿老人传授经验，上午到附近的溶洞吸纳负氧离子，中午吃农家长寿饭菜，晚上到瑶寨泡泡药浴，在清新、湿润的环境里安然入睡，享受着神仙般的快乐！

记得去年（2008年）本报记者采访永福长寿乡的报道刊登之后，各地的来信来电很多。随着长寿乡的名气日益扩大，国内外游客大量涌入，永福县政府专门设立了两个接待电话，竭诚为大家服务。

瑶医瑶药杏林奇葩

据瑶族祖图记载，永福的瑶族先民在生活条件极其困难的环境里，为生存繁衍，千方百计寻找能防治疾病的天然药物和治疗方法，并在长期与疾病的斗争中积累了丰富的经验，又不断地吸收其他民族经验，从而形成了具有特色的一套医术。平时，瑶族人很注意采集、种植名贵药材。不少瑶家菜园地边都种有药材，随时备用。瑶医草药对跌打损伤及痈疽、疮毒等一些疑难杂症均有显著效果，有些甚至起到立竿见影之奇效。如近年来，瑶医用瑶药将几位癌症病人、肝硬化腹水病人成功治愈存活至今，就是众多例子中的一枝独秀。故各地来找瑶医看病的人是络绎不绝。

天天泡澡用药浴　自古以来，生活在大山深处的瑶族同胞，每天都要洗澡，酷爱清洁并很少得病。他们洗澡用的是"黄桶药浴"，即：用杉木制作的高约1米，宽约0.6米，长约0.7米的大木桶。每到冬季，瑶人每晚必入黄桶浸泡洗身解乏，疏通血脉。瑶族药浴的药材一般采用当地的新鲜草药。一次药浴所用的草药，少的有二三十种，多的有五六十种，甚至上百种。药物有清热解毒、祛风散寒、舒筋活络、滋补气血等多样功能；且根据不同季节、不同疾病选择不同的药浴。劳动时淋雨受寒药浴时，选用桃树叶、青蒿等药材，可起到温中散寒、舒筋活络及预防风湿之作用。老年人的药浴，一般则用活血温补之类的草药，对促进人体新陈代谢、保持旺盛的生命力大有益处。泡澡时，除头部外，全身都浸泡在药水里。药液气味芬芳，几分钟后，人就会感到筋骨轻松，浑身舒适爽快，精神倍增。瑶民有歌谣曰："若要长生不老，天天洗个药水澡"。故瑶族百岁的老人很多。

自制药酒长精神　瑶族还有自制药酒的习惯，所用药物均为本地名贵草药。泡制的药酒依其性能分为造血补气、滋阴壮阳、祛风除湿、养肝补肾、舒筋活络等种类，深受游客的欢迎。

长寿食品滋补养生

你看永福的这个"福"字，左边是一个示字旁，右边是一口吃下一块田——这是上苍送给永福的特殊礼物。永福独特的小气候，孕育了十分丰富的各类特产。过去有长寿三宝："百寿图""长寿树""百岁老人"。现在又发现了"十景""十宝"和"十泉"。这里的土壤含硒量是植物生长和人体吸收的最佳状态。许多食物都含硒元素。这里的灵芝叫富硒灵芝；这儿的大米叫富硒大米；吃一碗米饭，赶上吃一棵人参哪！还有几样宝贝如猫豆、野生甜茶等在别的地方很难见到。这里的芋头、柑橘、马蹄、西红柿、优质米、香菇、灵芝等众多特产在国内、国际市场享有很高盛誉。在永福得天独厚的气候条件下种植、采摘酿制六福山葡萄酒，能促进血液循环、预防心脑血管疾病。永福的百岁老人最爱吃这些食品，常喝这种酒。

罗汉果是林中仙益寿延年

说起罗汉果，永福县政协副主席（永福县政协原副主席）黄泽治如数家珍：有着"东方神果""长寿果"和"林中仙"美誉的罗汉果就产自永福，其年产果七千万个以上，被农业农村部命名为"中国罗汉果之乡"，2001年被中国国际农业博览会上定为"中国名牌产品"。其不仅是一种名贵的药材，主治痰火咳嗽、矽肺病、血燥便秘等疾病；且对于急性气管炎、急性扁桃体炎、咽喉炎、急性胃炎等也有很好的疗效；用它的根捣碎，敷于患处，可以治顽癣、痈肿等；果毛可作刀枪伤药；提取物甜甙可辅助治疗糖尿病、高血脂、高血压等多种顽症；它还是一种极好的清凉饮料，用罗汉果少许，冲入开水浸泡，既可提神生津，又可预防呼吸道感染，常年饮用，还能防癌并益寿延年。其制品远销美国、日本、东南亚等国。

罗汉果银花含片 具有疏风清热、解毒利咽等功效，用于风热证急喉痹、急性咽喉炎等症。因疗效好、携带方便，是广大消费者特别是急性咽喉炎患者的保健佳品，深受大家欢迎。

罗汉果甜甙 对促进肠胃功能和清热止咳、止渴化痰、清热润肺，具有很好的功效。是肥胖症、高血压、糖尿病等患者最佳的保健品。一直远销美国、日本、荷兰等地。

为罗汉果授粉（杨志德 摄）

采访手记：

永福罗汉果是一种上等的原生态保健品。虽然目前市场饮料品种繁多，但很少能看到来自长寿乡的饮料，包括饮用水。我常常想，如果能将永福的罗汉果开发成饮料，人们在饮用的同时，不知不觉起到养生之效果；常年饮用，不仅预防疾病还能提高人体免疫力，还会给投资商带来无法估量的经济效益，那该多好啊！因那圆圆的、黑黝黝的、毛茸茸的罗汉果，生长在中国最长寿的地方，扎根在稀有元素的土地上，喝着溶洞的矿泉水长大，是最养人的天然保健品！不管你有多忙，在罗汉果熟了的时候，一定要抽空去看看那水灵灵、圆滚滚的青色果实，它像一颗颗绿色的宝珠，镶嵌在一望无际的藤架上，穿五颜六色服装的瑶族姑娘，在阳光下边唱歌边采摘，如同仙女下凡，若亲临其境，你定会觉得自己进了世外桃源！

要金山更要绿水青山

永福成为长寿乡之后，各地来参观长居的"候鸟"逐渐增多，面对巨大的商机，有些人不惜砍伐树木建造豪华房屋等，为此，文建中连夜召开大会拍案动怒："决不允许以牺牲生态环境为代价换取经济利益！要金山银山，更要绿水青山！"这位年轻的县委书记上任第一天，就走访了几个乡，看望百岁老人，亲自制订保护生态环境、提高老年人生活待遇的一系列措施！

有人把永福称为中国福寿文化的坐标。是因为，福寿文化是永福的一大特色，更是中国五千年文明史和中国民俗文化的集中体现。哲学的核心是和谐。在永福，我们无时无刻不在感受着这种和谐的真谛。自然在这里得到还原，人性在这里得到复苏，文化在这里得到了张扬！

后记：

我走在永福的大街上，感受着小城的精致与宁静。小城最美是黄昏，在清风吹拂的江边看夕阳，那一刻，令我心魂俱醉。夕阳慢慢走向山的那一边，给蔚蓝的天空镶了一道银白色的边，缓缓地，原来身披圣光的太阳，变成了金黄色的圆轮，在悄无声息的云间穿越，把一抹艳红涂到白云羞涩的脸上……像百变精灵一般，时而像金蛇狂舞，时而如骑龙跨凤，时而若波涛漾动，时而似沙场战阵；温和的光折射在波光粼粼的江面上，泛起道道银光。在绚烂纷呈的云霞面前，山峰只留下一道轮廓，而起伏跌宕的山势，恰似翩翩舞者，让观赏它的人们从那永恒的曲线中领略到一种真谛。平静的水面见证了这美好的一切，浮光映衬着对逝去的眷恋，就像历史长河里曾经感动过它的每一个记忆。一带晚烟浮山麓，依稀遥闻唤儿声，我不知是回到了儿时的故乡，还是走进了陶渊明笔下的世界。

——这就是永福！我终生难忘的地方！

附录六

永福县历届福寿节组织构架

届数	时间	主办单位	总指挥	组委会主任	常务副主任	副主任	支持单位
一	2006年	中共桂林市委宣传部 中共永福县委员会 永福县人民政府	赵德明 文建中	秦成枝	唐火祯	唐沐林　唐纪文 古保华　白先频 刘　琴　秦际广 朱政光　黄显新 徐玉红　卢秀明 罗代璋　雷　陈 王宜琼　梁家世 黄泽治　王承林 姚贵英	桂林市利德广告策划有限公司 桂林市阳光灿烂文化艺术传播有限公司

（续　表）

届数	时间	主办单位	总指挥	组委会主任	常务副主任	副主任	支持单位
二	2007年	世界养生大会组委会 永福县人民政府	赵德明 于顺弟 文建中	秦成枝	唐火祯 黄泽治	唐沐林 古保华 刘琴 朱政光 徐玉红 罗代璋 王宜琼 王承林　唐纪文 白先频 秦际广 黄显新 卢秀明 雷陈 梁家世 姚贵英	世界卫生组织（WHO） 国家卫生部 国家市场监督管理总局 中央保健局 桂林市人民政府 北京奥体户外运动发展有限公司 北京多维乐舞文化艺术交流中心 世界全息健康协会 香港人类自然健康工程研究院 中国艺术家协会
三	2008年	永福县人民政府 CCTV-7《乡约》节目组	赵德明 于顺弟 文建中	秦成枝	唐火祯 黄泽治	唐沐林 古保华 刘琴 黄显新 卢秀明 王宜琼 梁家世 姚贵英　唐纪文 白先频 秦际广 徐玉红 罗代璋 林增学 王承林	中国老年学学会 北京乾诚伟业国际广告有限公司 桂林宏鑫房地产开发有限公司 桂林市商业银行 南宁市演艺职业学校 （中国）商业发展中心东盟处、广西新闻图片社桂林分社
四	2009年	广西壮族自治区旅游局 桂林市人民政府	文建中 于顺弟 蒋文明	古保华 唐火祯 黄泽治	唐沐林 刘琴 朱政光 徐玉红 罗代璋 林增学　白先频 秦际广 黄显新 王宜琼 雷陈 黄在治 王承林	中国老年学学会 桂林市旅游局 桂林旅游高等专科学校 广西电视台 广西旅游在线网 桂林电视台 桂林阳光灿烂文化艺术传播公司 广州洪光经络文化传播公司 广西山歌协会 广西阳光假日自行车户外俱乐部 永福龙腾木业有限公司 永福县速丰木业有限责任公司 永福县信用社 桂林商业银行永福县支行

180

（续　表）

届数	时间	主办单位	总指挥	组委会主任	常务副主任	副主任	支持单位
五	2010年	广西壮族自治区旅游局 桂林市人民政府	文建中 于顺弟 蒋文明		唐纪文 黄泽治	唐火祯　唐沐林 雷　陈　白先频 秦际广　黄显新 刘　琴　罗代璋 王宜琼　黄在治 赵家维　周昌盛 王承林　廖中天	国家体育总局 CVA（国际市民体育联盟中国总部） 中国登山协会 中国自行车协会 中国老年学学会 香港华娱联合公司 北京老年医学研究所 北京青少年科技俱乐部 广西江滨医院 广西妇幼保健院 广西大学文学院 桂林市委党校 桂林高歌文化传媒有限公司 广西阳光假日自行车户外俱乐部 永福龙腾木业有限公司
六	2011年	中共永福县委员会 永福县人民政府	黄永跃 于顺弟 蒋文明		黄泽治	秦际广　蒙　涛 毛永安　莫　军 徐玉红　李庆节 童远松　赵家维 廖万刚　朱政光 王承林　王宜琼 姚贵英	中央电视台中文国际频道 国际市民体育联盟中国总部 广西电视台资讯频道 中国网络电视台广西频道 桂林阳光灿烂文化广告传播公司 桂林高歌文化传媒有限公司 广西阳光假日自行车户外俱乐部
七	2012年	广西壮族自治区文化厅 广西壮族自治区旅游局 广西壮族自治区体育局 广西壮族自治区文联 桂林市人民政府	黄永跃 于顺弟 蒋文明		徐玉红 黄泽治	秦际广　蒙　涛 毛永安　童远松 莫　军　李庆节 赵家维　廖万刚 王承林　曹文缤 王宜琼　姚贵英	广西戏剧家协会 桂林市文化局 广西社会体育运动发展中心 广西国有黄冕林场 桂林阳光灿烂文化广告传播公司 桂林高歌文化传媒有限公司 广西飞雨狼自行车俱乐部 《故乡的重阳树》微电影摄制组 永福县农村合作银行

（续　表）

届数	时间	主办单位	总指挥	组委会主任	常务副主任	副主任	支持单位
八	2013年	中共永福县委员会 永福县人民政府	黄永跃 于顺弟 王　芳		黄泽治	罗代璋　秦际广 毛永安　吴东才 童远松　莫　军 徐玉红　李庆节 赵家维　廖万刚 王承林　曹文缤 王宜琼　廖中天	桂林英才通用航天开发有限公司 国际市民体育联盟（CVA）中国总部 广西国有黄冕林场 永福农村合作银行 广西罗汉果工程院 广西会展行业协会 广西保健养生学会 桂林高歌文化传媒有限公司 桂林华易策划公司
九	2014年	广西文化厅 广西文联 桂林市人民政府	蒋昌桂 王　芳		黄泽治	秦际广　毛永安 徐玉红　李庆节 童远松　王承林 曹文缤　姚贵英	桂林市文化局 广西戏剧家协会 桂林高歌文化传媒有限公司
十	2016年	永福县人民政府	蒋昌桂 莫振华	秦际广	蔡一鸣 黄泽治	钟　涛　赵家维 秦传志　毛永安 唐毅生　蒋玲荣 陈　刚　莫　军 曹文缤　王树生 李忠德　李　超 廖先梅　徐玉红 卢秀明　万钦红	国家卫计委老年科学研究所 贵州师范大学美术学院 广西大学文学院 深圳市宝安区福永街道办事处 深圳市秋歌文化策划有限公司 桂林高歌文化传媒有限公司 桂林星光灿烂文化传播有限公司 广西（柳州）阳光假日自行车户外俱乐部
十一	2018年	中共永福县委员会 永福县人民政府	莫振华 罗代璋	秦际广 钟　涛	蔡一鸣 黄泽治	赵家维　秦传志 宁顺彪　唐毅生 蒋玲荣　叶万全 莫　军　周昌盛 廖万刚　曹文缤 吴明忠　王树生 李忠德　李　超 廖先梅　徐玉红 卢秀明　万钦红 曹光华　邓锦波 陈泠志	桂林电视台 桂林金凤凰演艺文化有限公司 深圳市秋歌文化策划有限公司 广西烹饪协会 广西南宁以华文化传媒有限公司 桂林金钟山旅游开发有限公司 永福香巴拉农业核心示范区 永福凤山旅游开发有限公司 永福农村合作银行 永福邮政传媒 永福重晶石矿

（续　表）

届数	时间	主办单位	总指挥	组委会主任	常务副主任	副主任	支持单位
十二	2020年	中共永福县委员会 永福县人民政府	唐芳顺 罗代璋	秦际广	王春霞 黄泽治	钟　涛　秦传志 宁顺彪　周　民 李忠德　蒋玲荣 杨荣保　叶万全 莫孟觉　莫　军 曹文缤　潘小成 廖先梅　王庆文 黄成龙　韩中元 徐玉红　卢秀明 万钦红　曹光华 邓锦波　黄陈刚	桂林经开投资控股有限责任公司 太平洋建设集团有限公司 国有黄冕林场 永福县农业农村局 永福县卫生健康局 永福县福兴城乡投资有限公司 永福县农村合作银行 永福县重晶石矿 桂林上下会展传媒策划有限公司 深圳市秋歌文化策划有限公司

附录七

永福历届福寿节组委会办公室组成人员

福寿节届数	时间	办公室主任	副主任	人员	备注
一	2006	黄泽治	黄流琪	秦庆田　黄晖　李秀琼　龚然辉　梁红 陆华　肖格明　邹龙　李汴明　秦开全	
二	2007	黄泽治	姚贵英　黄世斌 徐素梅　龚然辉	曾心地　周映竹　阳社恩　赵修瑜 谭显奎　莫兰凤　韦加勇　何方勋	
三	2008	黄泽治	龚然辉	赵修瑜　莫兰凤　谭显奎　韦嘉勇 周映竹　何方勋　刘慧琼	
四	2009	黄泽治	吕雨凌　秦庆田 龚然辉	赵修瑜　莫兰凤　谭显奎　刘慧琼	
五	2010	黄泽治	吕雨凌　龚然辉	秦英莲　袁尊军　刘慧琼　赵修瑜 何方勋　唐影宸	
六	2011	黄泽治	吕雨凌　龚然辉	秦英莲　刘慧琼　赵修瑜　何方勋 黄泽浩　秦磊鹤	
七	2012	黄泽治	吕雨凌　龚然辉	赵修瑜　何方勋　莫兰凤　黄泽浩　刘慧琼	
八	2013	黄泽治	吕雨凌　龚然辉	赵修瑜　何方勋　莫兰凤　黄泽浩　刘慧琼	
九	2014	黄泽治	杨志德　黄流琪 吕雨凌　龚然辉	赵修瑜　何方勋　莫兰凤　黄泽浩　刘慧琼	

（续表）

福寿节届数	时间	办公室主任	副主任	人员	备注
十	2016	黄泽治	吕雨凌　龚然辉	杨从香　赵蔚林　褚丽华　刘卉芝　刘芳 黄泽浩　谢云　黄克明　徐熙　唐影宸	
十一	2018	黄泽治	龚然辉　吕雨凌 韦海	李林玲　秦庆田　褚丽华　刘芳　伍燕伶 谢云　唐影宸　廖佳婕　韦世聪	
十二	2020	黄泽治	龚然辉　吕雨凌 韦海　邹龙	秦庆田　李林玲　褚丽华　韦志芬 何方宇　刘芳　韦世聪	

附录八

永福历届福寿节亮点节目汇总

届数	时间	亮点节目	活动地点	责任单位	责任人
一	2006年	福寿节开幕式暨盛世金秋千叟宴	福寿广场	县委办　县政府办　宣传部 文体局　旅游局　教育局 广电局　招商局　经贸局 中小企业局　工商局 交通局　公安局　供电局 农业局　国税局　地税局 民政局　气象局　永福镇 移动公司	黄流琪　李林玲　廖世斌 邹荣灿　黄德辉　赖红艺 阳社恩　陈美继　周长安 张荣翔　唐健梅　潘庆周 黄腾平　何树慈　黄在治 唐修林　唐俊彬　韦永业 郭昌明　廖文琼　莫光裕 赵文祥　邱鸿毅　曾宪辉 黄晖
		十大健康长寿之星评选大赛	各乡镇		
		十大孝顺之星评选大赛	各乡镇		
		厨霸擂台大赛	步行街		
		福禄寿民俗文化知名作家创作笔会	县城		
		永福彩调剧会演	宣传文化中心		
		福寿文化论坛	县政府礼堂		
		农民才艺大赛	福寿广场		
		书法、绘画大赛优秀作品展	福寿广场		
		永福旅游、生态、资源推荐展	连江路		
		福寿节闭幕式暨颁奖焰火晚会	福寿广场		

(续　表)

届数	时间	亮点节目	活动地点	责任单位	责任人
二	2007年	新闻发布会	北京人民大会堂	县委办、政府办、宣传部、福寿办等	秦际广　黄建民　唐火祯　黄泽治　龚然辉
		开幕式文艺晚会	福寿广场	人大办、政府办、政协办、城建局、文体局、教育局、供电局、永福镇等	黄建民　李荣诚　林庚运　李金元　阳社恩　周长安　唐修林　邱鸿毅
		孔太专场养生音乐晚会	福寿广场	人大办、政府办、政协办、城建局、文体局、教育局、供电局、永福镇等	黄建民　李荣诚　林庚运　李金元　阳社恩　周长安　唐修林　邱鸿毅
		闭幕式颁奖文艺晚会	福寿广场	人大办　政府办　政协办　城建局　文体局　教育局　供电局 永福镇等	黄建民　李荣诚　林庚运　李金元　阳社恩　周长安　唐修林　邱鸿毅
		万人福寿操表演	福寿广场	人武部　公安局　组织部　直属工委　教育局　文体局　广电局等	李洪波　吕秉庄　周长安　黄流琪　李　军　黄胜利
		十大寿星、孝星及和谐家庭评选		民政局、团委、妇联	莫光裕等
		"福寿老人的快乐生活"摄影大赛作品展	福寿广场	人大办　文化馆　永福县摄影协会	唐庆甫　张桂发
		福寿养生产业高峰论坛、"罗汉果、彩调与长寿"专题研讨会	县政府礼堂	旅游局、科技局、文化局、罗锦镇	陈美继　陈作胜　阳社恩　王培民
		创造艺术治疗国际研讨会	县剧院	教育局、残联、劳动人事保障局	苏海燕　梁小华　舒成义等
		申报"中国长寿之乡"		县福寿办 民政局等部门	龚然辉　莫光裕等
		作家笔会组	县城	宣传部　政协办　福寿办等	黄德辉　林庚运　王　松　杨志德　曾锡贤　蓝胜福
		中国养生菜、养生园评选	县城	县委办、旅游局、发改局、建设局、财政局、国土局	阳　林　李琳玲　李金元　韦雅连　郑炳文

（续　表）

届数	时间	亮点节目	活动地点	责任单位	责任人
三	2008年	开幕式暨大型文艺演出（CCTV-7《乡约》节目）	锦江花园	县委宣传部、县文体局、县广播电视局、县直属机关工委、县教育局	黄德辉　黄流琪　张荣翔　李秀琼　周长安
		中国老年学学会《长寿·发展论坛》	县剧院	县委办、县人大办、县政府办、县政协办、县民政局	秦际广　黄建民　李荣诚　林庚运　莫光裕
		中华绝活——千人变脸	福寿广场	县文体局、县直八大口口长单位	秦际广　黄流琪　陈美继　黄德辉　周昌盛　韦建国　唐厚道　陈伟辉　唐俊彬
		风情永福——妆艺万人狂欢大巡游	县城	县直属机关工委、县教育局、县文体局、县市容局、县公安局、县工商局、县发改局、县老干局、县老年大学	李秀琼　周长安　黄流琪　谭应华　黄在治　廖兴社　蒋宏平　廖中天
		招商引资项目推介会暨项目签约仪式	县城	县招商局、县经贸局	唐健梅　唐厚道
		寿星、孝星、和谐家庭评比		县民政局、县老干局、县妇联	莫光裕　蒋宏平　周娜
		"金秋永福"彩调会演	县城	县文体局	黄流琪
		清华大学教授、当代著名肖像摄影艺术家邓伟——永福百岁老人摄影展	县城	县文体局、永福摄影协会	黄流琪　唐庆甫
		永福长寿探秘高峰论坛	县剧院	县福寿办、县政协办、县卫生局	龚然辉　林庚运　付红叶
		"浓浓福寿情"福寿节颁奖闭幕式文艺晚会	福寿广场	县委办、县人大办、县政府办、县政协办、福寿办、文体局、广电局、民政局	秦际广　黄建民　李荣诚　林庚运　龚然辉　黄流琪　张荣翔　莫光裕

（续　表）

届数	时间	亮点节目	活动地点	责任单位	责任人
四	2009年	开幕式暨大型文艺演出	福寿广场	委宣传部、县文体局、县广播电视局、县市容局、永福镇	黄德辉　黄流琪　张荣翔　谭应华　曾宪辉
		中国民间民俗奇异技能展演	县城剧院小广场	县旅游局、县委统战部、县工商局	阳　林　蒋天华　廖兴社
		"速丰杯"千人拔河比赛	福寿广场	县政协办、县直属机关工委、县经贸局、县文体局	伍跃凤　廖善林　吕雨凌　谢　凌
		"交通、公路杯——体验西江"自行车公路赛	永福县城—龙江兴隆（往返56公里）	县交通局、县公路局、县交警大队	何树慈　陈志华　范华山
		永福长寿养生论坛	县城	县旅游局、县卫生局	阳　林　傅红叶
		"水利杯"西江湖水上项目表演	县城西江湖面	县水利局	唐健鑫
		桂林市十二县专业艺术团队彩调大赛	县剧院	县委宣传部、县文体局	黄德辉　黄流琪
		永福县"广西山歌王"选拔赛	县剧院小广场	县文明办、县山歌协会	黄德辉
		"美丽永福、龙腾之夜"大型焰火晚会	福寿广场	县经贸局、县公安局、永福县龙腾木业有限责任公司	唐厚道　唐国连　陈贻康
		福寿节颁奖暨闭幕式文艺晚会	福寿广场	县委办、县人大办、县政府办、县政协办、县福寿办、县文体局、县广播电视局、县市容局、县民政局、永福镇、桂林阳光灿烂文化艺术传播公司	李荣成　陈美继　林庚运　刘宏星　黄流琪　莫光裕　张荣翔　谭应华　曾宪辉

（续　表）

届数	时间	亮点节目	活动地点	责任单位	责任人
五	2010年	开幕式暨国际徒步福寿山水大会	福寿广场	福寿办、县文体局、县旅游局、县妇联、团县委	黄泽治　黄流琪　阳　林　廖先梅　刘学永
		骑行福寿山水——全国山地自行车公路赛	永福县城—龙江兴隆（往返56公里）	政法委　福寿办　县交通局　县教育局　县交警大队	李小安　张文军　余世斌　张世杰　龚然辉
		重阳登高活动	西登山	县文体局	黄流琪
		西江湖摩托艇表演	聚龙山庄—福寿广场（水面）	县水利局	唐建鑫
		全广西老年人门球比赛	县城	县老干局　县老年体协	蒋宏平　廖中天
		寿星、孝星、和谐家庭评比		县民政局	莫光裕
		彩调会演	县城	县文体局	刘家毅
		荔浦、阳朔、永福三县书画联展	县城	县文联、永福画院、西林画院	杨志德　韦雅夫
		"龙腾杯"人类与森林摄影大赛	县城	县摄影协会	张桂发
		重阳之夜——大型焰火晚会	县城	县公安局、福寿办、团县委	张卫民　龚然辉　刘学永

（续　表）

届数	时间	亮点节目	活动地点	责任单位	责任人
六	2011年	福寿节开幕式暨中央电视台大型系列片《长寿中国》开机仪式、徒步福寿山水活动	福寿广场	县人大办、县政协办、县委宣传部、县直属机关工委、县文体局、县旅游局、县广电局、县市容局、县妇联、团县委、永福镇政府	李荣诚　林庚运　黄德辉 黄流琪　阳　林　谭应华 张荣翔　廖善琳　韦志芬 刘学永　黄喜安　龚然辉
		"交通杯"全县山地自行车公路赛	永福县城—龙江兴隆（往返56公里）	县委政法委、县公安局、县交通局、县教育局、县公路局、县交警大队	李小安　张文军　余世斌 陈志华　张卫民　张世杰 龚然辉
		"水利杯"西江湖橡皮艇速划比赛	福寿广场—西河大桥水面	县水利局、县文体局、团县委、永福镇	唐健鑫　刘学永　谢　凌 黄喜安
		"农合行杯"全县农民篮球赛	县城	县财政局、永福农村合作银行、县文体局	韦雅连　唐向阳　谢　凌
		广西电视台资讯频道《欢乐乡村行》	福寿广场	县委宣传部、县旅游局、县广电局、县教育局、县文体局	杨志德　阳　林　张荣翔 李清利　刘家毅
		寿星、孝星、和谐家庭评比		县民政局	卿晓安　莫光裕
		彩调会演	县城	县文体局	刘家毅
		"福寿养生家园"摄影赛、书画展	县城	县文体局、县书画协会、县摄影协会	廖世宾
		福寿节闭幕式颁奖晚会	县体育馆	县委办、县人大办、县政府办、县政协办、县委宣传部、县民政局、县文体局、县旅游局、县广电局、县妇联、团县委	谢仲晓　李荣诚　陈美继 林庚运　黄德辉　莫光裕 黄流琪　阳　林　张荣翔 韦志芬　刘学永　龚然辉

（续 表）

届数	时间	亮点节目	活动地点	责任单位	责任人
七	2012年	福寿节开幕式暨《故乡的重阳树》微电影开机仪式、千人徒步大会启动仪式	福寿广场	县政协办、县委宣传部、县旅游局、县广播电视事业管理处、县市容局、县直属机关工委、县妇联、团县委、永福镇政府	林庚运　黄德辉　阳　林 张荣翔　杨荣保　廖善琳 韦志芬　陆　华　黄喜安
		第三届广西彩调艺术节	永福县剧院、县福寿广场、县体育馆及有关乡镇	县委宣传部、县文体局	黄德辉　黄流琪
		"黄冕林场杯"福寿休闲养生产业博览会	县城	县旅游局、县卫生局、县药监局	阳　林　金玉鹰　韦　海
		"永福农合杯"第四届广西体育节公路自行车邀请赛	永福县城—龙江兴隆（往返56公里）	县委政法委、县农村合作银行、县交通局、县教育局、永福公安局交警大队	林亚平　唐向阳　张文军 张世杰　余世斌　龚然辉
		"永福水利杯"全县农民篮球、气排球（决）赛	县城	县文体局　县文明办县水利局	黄流琪　伍建国　唐健鑫
		"福寿养生家园"摄影赛	县城	永福摄影协会	唐庆甫　王　松
		"寿星""孝星""感动永福十大人物"评选及事迹展示		县委组织部、县委宣传部、县民政局、县广播电视事业管理处、永福报社、桂林阳光灿烂文化广告传播公司	汤庆秋　伍建国　卿晓安 张荣翔　邹　龙　阳纪军
		拍摄《故乡的重阳树》（微电影）		宣传部、福寿办 支持企业： 永福森林美家私有限公司 桂林金钟山旅游开发公司 永福福龙湾大酒店 永福福寿米业公司 永福林中仙罗汉果公司	黄泽治　黄德辉　龚然辉
		彩调艺术节、福寿节闭幕式颁奖晚会	福寿广场		林庚运　黄德辉　卿晓安 黄流琪　阳　林　张荣翔 廖善琳　韦志芬　陆　华 黄喜安　阳纪军

（续　表）

届数	时间	亮点节目	活动地点	责任单位	责任人
八	2013年	福寿节开幕式暨千人徒步大会启动仪式、航天罗汉果种子交接仪式、百米福寿画卷落户永福赠送仪式、广西彩调艺术节举办地永久落户永福授牌仪式	福寿广场	县政协办、县委宣传部、县广播电视事业管理处、县市容局、县直属机关工委、永福镇政府	秦康文　黄德辉　韦庆嘉 杨荣保　廖善琳　黄喜安
		罗汉果产品及优质养生产品展销会	连江路广场段	县农业局、县卫生局、县工信局、县药监局	唐俊彬　金玉鹰　吕雨凌　韦　海
		罗汉果产业发展高峰论坛	福龙湾大酒店	县农业局、县卫生局、县药监局	唐俊彬　金玉鹰　韦　海
		广西首届保健养生论坛	福龙湾大酒店	广西保健养生学会 县发改局　县卫生局	熊革生　金玉鹰
		永福养生健康产业投资环境推介会	县城	县工信局　县招商　县建设局	张桂义　韩小华　王培民
		"寿星""孝星"评选及事迹展示		县民政局	陈美继
		永福地方乡土文艺会演	县剧院	县文体局	刘家毅

191

（续 表）

届数	时间	亮点节目	活动地点	责任单位	责任人
九	2014年	广西彩调艺术节、福寿节开幕式暨千人徒步活动	福寿广场	县政协办　县委宣传部　县文体局　县市容局　永福镇政府	秦康文　杨志德　黄流琪　杨荣保　黄喜安
		彩调艺术节系列活动： 1. 彩调艺术巡游 2. 专业组彩调小戏大赛 3. 业余组彩调小戏大赛 4. 彩调"三小"角色技巧个人表演大赛 5. "我爱唱彩调"少儿彩调专场比赛 6. "彩调传承与创新"主题论坛	县城各活动地点	县委宣传部　县文体局	杨志德　黄流琪
		"情系西江"公路自行车邀请赛	永福县城—龙江兴隆（往返56公里）	县旅游局　政法委　县交通局　县教育局　县卫生局　县交警大队　福寿办	熊小斌　林亚平　张文军　张世杰　唐 剑　龚然辉
		西江湖钓鱼比赛暨鱼类增殖放生活动	国税局门口码头	永福县水生生物养护放生协会、永福县钓鱼护鱼协会	许业均　甘高强　王 松
		县四家班子慰问百岁寿星		县民政局、县福寿办、县老年学学会	姚贵英　陈美继　龚然辉
		"情系永福 书画福寿"八桂书画名家作品邀请展	县城	县书法、美术协会	秦家德　黄泽浩

（续　表）

届数	时间	亮点节目	活动地点	责任单位	责任人
十	2016年	福寿节开幕式暨千人徒步活动	福寿广场	县政协办　县委宣传部　县文新广体局　县市容局　永福镇政府	秦康文　杨志德　秦家德　杨荣保　莫正云
		"露营山水间"双江村沙滩"马帮"越野与自行车嘉年华	龙江双江村河滩	县旅游局　政法委　县交通局　县教育局　县卫生局　县交警大队　福寿办	熊小斌　李小安　张文军　张世杰　唐　剑　龚然辉
		"走向金婚话幸福"——66对（国际）集体婚庆典礼	县城—金钟山景区	县委宣传部　县文新广体局　旅游局　县民政局　福寿办	杨志德　秦家德　熊小斌　陈美继　龚然辉　李林玲
		"福寿之乡晒幸福"——征集1000张幸福人生的感人照片	县城	县委宣传部　县文新广体局　旅游局　福寿办	杨志德　秦家德　熊小斌　龚然辉
		"福寿之乡"中国当代书法名家邀请展暨书画慈善拍卖会	县城	县文新广体局	秦家德
		龙江乡分会场活动（龙江罗汉果节）	龙江乡	龙江乡党委、政府	刘学永　李　秀
		百寿镇百寿岩祈福、祈寿活动	百寿镇	百寿镇党委、政府	莫凤祥　宾树德
		"祝福永福暨金婚庆典颁奖"电视文艺晚会	永福体育馆	县委宣传部　福寿办　县文新广体局	杨志德　秦家德　龚然辉
		永福第十届福寿节荣获中国民族节庆专业委员会颁发中国十大"最具创新价值节庆"奖			

（续　表）

届数	时间	亮点节目	活动地点	责任单位	责任人
十一	2018年	福寿节开幕式暨千人旗袍秀展演活动	福寿广场	县政协办　县委宣传部　县文新广体局　民宗局旅游局　农业局　福寿办　龙江乡政府	秦康文　杨志德　秦家德　唐庆甫　邱林娟　曾宪辉　龚然辉　刘学永
		大型传统民俗文化演绎——"李王巡游"	县城	县文新广体局、县旅游局、县市容局	秦家德　邱林娟　蒋红明
		瑶族大型婚庆礼仪暨凤山击鼓传福展演	县城、永福镇	民宗局　永福镇　广福乡　永福凤山旅游开发有限公司	唐庆甫　莫正云　莫顺康　王雪明
		旗袍秀专场展演	金钟山旅游度假区、香巴拉农业核心示范区	县妇联　县农业局　旅游局　桂林市女子旗袍协会	韦志芬　骆新林　陶红
		福寿菜系美食大赛	县城	县食药监局　县旅游局、广西烹饪协会	蒋海军　赵俊宇
		寻找"幸福有缘人"有奖活动（网络）		团县委　县旅游局　桂林金凤凰演艺文化有限公司	邹雄　骆新林
		闭幕式颁奖文艺晚会	福寿广场	县政协办　县委宣传部　县文新广体局　民宗局旅游局　农业局　福寿办　龙江乡政府	秦康文　杨志德　秦家德　邱林娟　龚然辉

（续　表）

届数	时间	亮点节目	活动地点	责任单位	责任人
十二	2020年	福寿节开幕式	永福新剧院门口广场	县政协办、县委宣传部、县文广体旅局　县福寿办	秦康文　杨志德　张　强　龚然辉
		状元祠开祠仪式、文明塔旗袍展演	凤山状元祠、文明塔	县文广体旅局、县融媒体中心、县教育局、永福"逸之韵"旗袍队	龚然辉　李　军　唐　剑　粟桂珍
		"健康中国行"大众健身跑（微型马拉松）	县城	县卫生健康局、县文广体旅局、县交警大队	以榕平　张　强　蔡罗东
		第五届永福罗汉果节	经开区罗汉果小镇	经开区管委会党政办、经开控股公司、龙江乡政府、县文广体旅局	苏　虹　沈　坚　周春吉　秦家吉
		福寿田园欢乐行	罗锦崇山村	县文广体旅局、罗锦镇政府永福崇山旅游发展有限公司	马　宇　骆新林　莫新华
		乡村车模走秀	县城罗锦镇	县乡村振兴办深圳市秋歌文化策划有限公司	于文松、陈美继　林媛妹
		瑶族传统民俗服装秀	县城	县民宗局、永福邮政传媒、永福镇政府、广福乡政府	唐庆甫　马　智　苏崇华　邓祖生
		"美丽乡村我的家"——乡村新貌短视频大赛		县融媒体中心、深圳市秋歌文化策划有限公司	廖佳婕　林媛妹
		闭幕式文艺晚会	永福新剧院	县政协办、县委宣传部、县融媒体中心、县福寿办	秦康文　杨志德　龚然辉　莫万欣

后 记

编好书稿，仍然思绪万千。我从 2007 年与广西大学文化与传播学院几位同事，受邀到永福县参与福寿文化调研，倏忽已是 16 年。

16 年前，我代表广西大学文化与传播学院在永福发言："广西大学文化与传播学院永福福寿文化研究中心从提出设立意向到正式揭牌成立，只用了 5 天时间。这种热情、这么高的工作效率，使我们深受感动和鼓舞。所以无论于情于理，我们都不能不为永福县委、县政府和永福的父老乡亲效命。在研究中心成立之后，我们将和永福县展开全方位合作，为永福县委、县政府和父老乡亲尽心尽力。"16 年间，尽管学院名称已有变更，但我们和永福福寿文化研究已结下不解之缘，我们师生团队参与永福文化丛书编撰和福寿文化相关调研一直延续不断。

16 年间，我们看到了永福县在政治经济文化诸方面的巨大进步，和永福的父老乡亲一同为之鼓舞与欢呼。而时光流逝，我和当时永福的许多领导都已退休，但又欣喜看到江山代有才人出，福寿文化一如既往生生不息。

这部著作缘起于永福福寿节举办共十二届，也就是传统所谓一纪之际，对这个福寿之乡各族人民自己的节日作整体回顾与总结。

书名源于明代抗倭名将，时任广西总兵的俞大猷在永福百寿岩摩崖诗作《题百寿岩诗》中的诗句"开辟千年今再见，却疑天地果无初"。取义为永福之地福寿文化源远流长，千年未绝，至今复盛。

此书前言、第一至第二章为黄泽治（长期担任永福政协副主席兼福寿办主任）撰稿，第三章撰稿人刘家毅、唐丽娟（永福资深文化专家），第四章撰稿人张荣

后　记

翔，第五章撰稿人苏娟（广西大学文学院硕士、华东师大博士，现任教于广西师范大学），第六章撰稿人龚然辉、张日斌、黄泽治。作者队伍一如既往，为永福本地学者与院校学人共同组成。

前事不忘，后事之师。希望这部回顾性、总结性的永福福寿文化著作，能客观记录十二届永福福寿文化节的举办进程，也带入一些文化性、制度性思考。

谨作此记！

黄南津
2023 年 11 月于南宁